世界海军最新战舰和技术进展

〔英〕康拉德·沃特斯（Conrad Waters） 主编

郑臻益 译

中国市场出版社
China Market Press

图书在版编目（CIP）数据

世界海军最新战舰和技术进展 / (英) 沃特斯 (Waters,C.) 主编；郑臻益译. —北京：中国市场出版社, 2015.2

书名原文：Seaforth world naval review

ISBN 978-7-5092-1351-3

I.①世… II.①沃… ②郑… III.①战舰—介绍—世界—图集 IV.①E925.6-64

中国版本图书馆 CIP 数据核字（2015）第 036130 号

Published by China Market Press.

著作权合同登记号：图字 01–2014–5584

出版发行	中国市场出版社		
社　址	北京月坛北小街2号院3号楼	**邮政编码**	100837
电　话	编 辑 部（010）68034190　读者服务部（010）68022950 发 行 部（010）68021338　68020340　68053489 68024335　68033577　68033539 总 编 室（010）68020336 盗版举报（010）68020336		
邮　箱	1252625925@qq.com		
经　销	新华书店		
印　刷	北京佳明伟业印务有限公司		
规　格	170毫米×240毫米　16开本	**版　次**	2015年5月第 1 版
印　张	14	**印　次**	2015年5月第 1 次印刷
字　数	230千字	**定　价**	66.00元

目录

70

1 最新标志性战舰

1.1

法国“阿基坦”号

预示着水面艇队复兴的法国第一艘欧洲多功能护卫舰

作者 康拉德·沃特斯

意法多功能护卫舰项目包含着欧洲正在进行的最大规模的水上舰队建设计划，它在未来的10年中将平稳地对两国第一航线的水上舰队进行资本重组。该项目的主要目的之一就是建立起一个足够灵活的多功能设计通用框架，并对其进行改造来满足不同国家偏重的功能。同时，它还能通过设计共享和采购活动来实现经济的规模化。就法国海军所关心的领域而言，它希望从2012年起就能够看到欧洲多功能反潜和防空两大分类的护卫舰开始被交付使用。而意大利海军则

→这张照片是法国新型欧洲多功能护卫舰“阿基坦”号在2011年4月末试航时拍摄的。该舰是法国海军在FREMM项目下获得的9艘反潜性能最优化的护卫舰中的第一艘。（法国舰艇建造局）

将取得反潜类和通用类护卫舰（在意大利，这有时也被叫作“文艺复兴”级战舰）的所有权。

FREMM 项目中完成的第一艘护卫舰——法国的“阿基坦”号，于 2011 年 4 月开始海试并很快被交付给了法国海军。“阿基坦”号是法国 FREMM 项目设计中的 9 艘包含着反潜作战能力的军舰之一。此外，一艘额外的为摩洛哥建造的战舰仍正在建设之中。“阿基坦”号和它优秀的反潜类姊妹舰代表着反潜作战中最新的科技成果，是这一章最重要的主题。

分类起源

法国和意大利的护卫舰武装力量于 20 世纪 90 年代后期开始呈现大批退化的趋势，FREMM 项目的起源可以追溯到对于这一现象日益增长的关注之上。在那时，法意两国均忙于与英国一起进行“地平线”项目[1]中的“新一代共同护卫舰”（CNGF）的建设工作。这两个国家的成功合作最终促成了一项关于将此次合作拓展到新型水上船只设计合作上的决定。相对于“地平线”项目中那些高端的防空护卫舰而言，这些舰艇比较简单、廉价因而可装备的数量更为可观。在最初设想的计划中，两国将建造 27 艘相同船体的新型多功能护卫舰，但它们将被分为反潜、通用、对陆进攻三种版本。起初，法国试图购进 17 艘护卫舰以近乎一比一的比例来取代现存的“图维尔级”级驱逐舰（FASM–67）、“乔治 · 莱格”级驱逐舰（FASM–70）和“D. 圣艾地安娜”级护卫舰（A–69）。而意大利则是因为 4 艘“狼”级护卫舰和 8 艘“西北风”级护卫舰即将退役的原因需要 10 艘新舰来维持其被略微缩减的护卫舰队。

新一代护卫舰的初步设计研究工作在 2000 年之初时被

作为一项全国性项目在法国开始进行，并在后来发展成了FREMM（欧洲多功能护卫舰）项目。到了2002年下半年，当法意两国达成合作的协议时，这个项目就成为跨国合作项目。两个国家之间的合作协议于当年11月签署，并于2003年6月拟定了一个正式的设计框架。这个框架的确立促进了通用设计的工作在双方的诚挚合作中展开。

起初，新舰被期望从2008年起被交付使用，然而后来现实证明对这一时间的估计过于乐观了。尽管协调国家之间不同的需求是此次延期的一部分原因，这也再次证明了依靠扩展冷战后有限的国防预算来完成如此雄心勃勃的项目是十分困难的。曾有一段时间，法国需要通过租赁以及推迟融资方案来缓解法方分摊到的费用的燃眉之急，同时意大利政府也曾一度资金紧张到几乎要退出这个合作项目。因此，直到2005年10月，法意两国政府才在他们的第24次双边峰会上签署了意向书，这为建造订单的签署铺平了道路。随后在2005年11月16日，欧洲联合军备合作组织通过了一个新

↓一个艺术家对法国FREMM转变的印象。FREMM多功能护卫舰项目将在法意两国各自舰队的基础上区别对待法意两国的转变，这将在总体的多功能设计框架下在多个方面使护卫舰的功能适应程度最优化。（DCNS）

型战舰的设计、研发合同。[2] 该合同包含一项关于完成第一批 8 艘法国护卫舰建造的协议。

合同与建造

法国 FREMM 项目的详细设计与建造合同被授予给了阿拉米斯（Aramis）公司以及一个联合企业（由法国国有船舶制造企业 DCN 公司与泰勒斯电子集团合办）。阿拉米斯公司被认为是重组的法国舰艇建造局。2007 年，泰勒斯集团拥有其 25%（现在为 35%）的股份。同样的联盟在意大利也形成了：意大利的芬坎蒂尼船厂和芬梅卡尼卡集团组成了意大利军舰系统工程公司并成为意大利方面该项目的总承包人。

起初预想的是法国的前 8 艘船中将包括 6 艘反潜型和 2 艘陆地攻击型舰艇。决议计划中额外的 2 艘反潜型以及 7 艘陆地攻击型舰艇将在一段时间后在随后的两个生产批次中建造，从而完成这个由 17 艘舰艇组成的强大的舰队。然而，由于先前的“地平线”计划中 2 艘战舰建造的完成以及 2008 年法国国防白皮书中对水上舰队的预算限制和国家安全等诸多因素，计划需要进行改变。最终政府决定将法国 FREMM 计划中的舰艇数量缩减至 11 艘，其中 9 艘将制造成反潜型（ASW）战舰，其余 2 艘将按照新型防空规格建造用以取代

↓ 法国FREMM的所有船只都是在法国舰艇建造局洛里昂造船厂一个不露天的船坞里装配而成的。而其整体的模块则是由洛里昂工厂和DCNS其他的工厂生产的。随着计划的进展，较大规模的船只装配也都会随之展开。（法国舰艇建造局）

原先计划的第三、第四艘“地平线”项目中的战舰。该决定导致了法国第一批次的 8 艘船将全部按照反潜型军舰的标准进行建造。一个随后于 2009 年 10 月出台的订单则包括了对防空型战舰以及最后的反潜型战舰的建造。表 1.1.1 总结了法国最初以及最后的 FREMM 计划。[3]

法国护卫舰的建造工程主要由位于布列塔尼的洛里昂的 DCNS 的造船厂完成。所有法国海军前线的水上战舰的装配均是在此处完成的。[4] 为了促进 FREMM 项目的有效完成，坐落于斯科夫河两岸的历史上著名的洛里昂工厂经历了规模宏大的现代化改造。它可以在 7 个月内完成一艘欧洲多功能护卫舰规模的舰艇。限制其生产能力的主要因素是位处斯科夫河东岸不露天船坞，在那里工人会完成战舰主要的装配进程。平均来讲，法国海军希望每 10 个月可以接收一艘 FREMM 护卫舰。该船厂的生产能力容易满足这项要求，因此它可以很灵活地接手出口合同之外的工作。

“阿基坦”号的建造开始于 2007 年年初。其建造过程运用了现代化、模块化技术，建造时首先会在生产线上来进行船只结构部分和舾装设备的建造。在这个过程中，这条生产线会渐进地向那个用于装配船只的不露天船坞移动。同时，虽然“阿基坦”号在装配过程中只运用了水平相对较低的预舾装，随后的船只将按照更高水平的标准完成建造。模块化的装配特征使得船厂能够将船只的组件分配到其他 DCNS 旗下的工厂进行生产加工以便减少工作量。例如，法国第二艘和第三艘船的很多组件都被分配到了该集团在瑟堡和布雷斯

表1.1.1　法国欧洲多功能护卫舰设计的不同类型：计划中的和实际订单中的

类型	反潜型（ASM）	对陆进攻型（AVT）	防空型（FREDA）	总数	注释
计划（2002）	8	9	0	17	这三批订单中为摩洛哥多加一艘反潜型护卫舰
实际（2012）	9	0	2	11	
差值	+1	−9	+2	−6	

特的生产部门。此外，后者还负责用这些模块来装配这两艘船的船体前部，完成后用船运输至洛里昂船厂与其他组件一同进行最后的组装。

项目开始以后，“阿基坦”号的建造进程进行得相对较快。2008 年 6 月，推进系统安装完毕。而后，船体装配于 2009 年 10 月末完成。2010 年 4 月 29 日该舰正式下水，超过 1200 人参与了于 5 月 4 日进行的下水仪式。共和党领袖、法国总统萨科齐的出席折射出了这个项目的重要意义和地位。最终的舾装设备工作的及时完成使得第一阶段的试航计划得以在不到一年的时间后于 2011 年 4 月 18 日开始进行。同年底，摩洛哥的“穆罕默德六世”号也正式下水。此外，其他 3 艘同级别的法国护卫舰也在建造中。

总体设计：前身与特点

法国 FREMM 类型舰艇在总体设计上的理念转变主要来自于 DCNS 从 20 世纪 90 年代中期开始的面向国内与海外市场的水上护航舰艇的建造经验。其总体结构，特别是对隐形设计方面的高度关注主要是受到了 5 艘“拉斐特”级轻型护卫舰的影响。这批护卫舰在 1996—2001 年期间开始服役并且引出了诸多出口的衍生产品。“拉斐特”级护卫舰的升级版本——新加坡的“可畏”级护卫舰上装配了金字塔形的 Herakles 多功能军用雷达，该雷达在“阿基坦”号及该系列的其他战舰上也有所应用。

先前的“地平线”项目中的防空护卫舰标志着法意两国在军舰建造合作上的良好开端，它对此次的设计也有所影响。然而有趣的是，“地平线”项目对意大利 FREMM 的转变理念似乎有着更大的影响。它们有着相同的主雷达系统——

意大利设计的欧洲多功能相控阵雷达（EMPAR）。“阿基坦”号也得益于先前法国舰艇建造局在反潜科技上的丰富经验。从部分程度上来说，它得到了集团里几乎独一无二的核动力潜艇与柴－电潜艇设计的技术支持。对该级别的新型战舰而言，保护好法国远洋战略舰队中能带来核威胁能力的战略核潜艇是一个至关重要的任务。11艘将要建造的护卫舰中有9艘将采用反潜型设计这一事实就很好地说明了这一点。

然而，应该指出的是，除去这些反潜优化设置，“阿基坦”号及该系列战舰从本质上来讲是现代化的多功能水上军舰。FREMM全新的设计理念可以使它们在胜任各种水上任务的同时拥有广阔的升级空间。[5]它们的满载排水量为6000吨左右，按照项目的理念，所有的法国军舰将都将按照一个通用的船体设计、推进系统和综合布局来进行建造。同样的，每艘船都将配备一系列由一个DCNS公司先进的通用SETIS战斗管理系统控制的防空、水面作战和反潜武器。这些武器包括了“紫苑”防空导弹、“飞鱼”反舰导弹、反潜鱼雷、一门76毫米口径的舰炮以及一架舰载直升机。就这点而言，合理考虑法国反潜型和防空型护卫舰在装备要求上的差异和它们之间的良好配合将成为一个增强这些舰艇在特定区域战

→2010年4月29日，“阿基坦”号正在从洛里昂不露天的船坞中驶出。随后在2010年5月4日，尼古拉·萨科齐总统参加了该舰的下水仪式。（法国舰艇建造局）

斗能力的重要细节。

武器和战斗系统

战斗管理系统：新型的SETIS战斗管理系统（CMS）为“阿基坦”号提供了核心战斗力。这样的设计是为了使舰艇的防御设备与进攻设备合为一体以便使舰艇在各种战场条件下都能达到最好的战斗效果。法国前几代军舰采用的都是SENIT（战术情报处理）系统，而“阿基坦”号却装配有更先进的系统，它紧跟着现在模块化、分权化的趋势并最大程度地利用了现有的科技成果。在“阿基坦”号上，17台相互独立的多功能控制台将整艘船上的武器、传感器以及通信系统有机地结合成了一个网络。每一个控制台都足以独立地用来指挥执行任何命令以及控制所有系统所支持的功能。这种设计方式的最为关键的优势就是它拥有令人瞩目的运行灵活性。例如，这个系统可以经过特别的调整来实现与现行任务相匹配的最佳配置。SETIS系统在被安装到“阿基坦”号上之前曾被土伦的一个陆基基地采用——这大大地简化了战舰随后在海试阶段的测试。

反潜作战：“阿基坦”号探测和追踪水下目标的能力是由泰勒斯公司设计的声呐系统所提供的。该系统包括船体装载的声呐和可变深度的声呐两大部分。船体装载的声呐采用泰勒斯公司的 UMS 4110 声呐，它是一种低频、主被动皆可的舰艏装载声呐，适合在大中型战舰上工作。该声呐系统首次服役时被装载在法国现役的 FASM-70 型护卫舰上。此外，法意“地平线”级护卫舰也使用该声呐系统。由于可以不受环境的条件影响提供远程探测，该声呐在探测热层之上的目标时特别有效，并且还深受地中海反潜情况的影响。UMS 4110 型声呐还得到了另一个泰勒斯公司的 CAPTAS-4（联合式主 / 被动拖曳阵列声呐系统）深度可变的声呐的支持。这是另一款低频主被动皆可的设备，特别适合对热层之下最为隐蔽的潜艇进行超长量程探测。这款系统的首次服役是作为 2087 型声呐被装载在英国皇家海军的 23 型护卫舰上，而

↓ 对“阿基坦”号的设计影响最大的是在1996年至2001年间建造完成的“拉斐特”级隐形护卫舰，这批护卫舰引发了诸多出口的衍生产品。“拉斐特”级护卫舰的升级版本——“可畏”级护卫舰是为新加坡海军特别制造的并使用了特制的Herakles多功能军用雷达。图中，新加坡“坚信”（steadfast）号护卫舰正与美国海军一起演习。（美国海军）

它在法国服役期间则命名为UMS 4249型声呐。该声呐的所有组件都储备于飞行甲板下方，并通过船尾的开口进行安装。但是时至今日，我们仍不清楚CAPTAS系统是否适合另外两艘防空设计最优化的军舰。

对任何被探测到的潜艇的核实任务由船上搭载的直升机负责。法国海军现在装备了欧洲NH工业公司新型NH-90设计中的NFH（北约护卫舰直升机）型直升机。它将作为“巨鳄”型直升机在法国服役并将被用于取代较小的“山猫”直升机。在装配有FLASH声呐、声呐浮标、360度雷达、Link 11通信系统以及反潜鱼雷、深水炸弹、空对地导弹等武器之后，NFH型直升机将足以胜任反潜和反舰作战任务。“巨鳄”型直升机的首次试飞于2012年3月在“阿基坦”号上进行，并且取得了巨大的成功。战舰的稳定系统和飞行甲板处理设施最多可以在6级海况下为直升机的安全运行提供500平方米的飞行甲板。“阿基坦”号同时在“巨鳄”型直升机上装配有两对324毫米口径的MU-90鱼雷发射台，使它具备了高效的快速反应支援能力。

防空作战：所有法国欧洲多功能护卫舰的防空作战能力的核心都将由泰勒斯集团的Herakles雷达与欧洲导弹集团的“紫苑”地对空导弹构成。拥有现代化多功能相控阵的Herakles雷达将监控、目标追踪以及火力控制等多种功能相结合在了同一个系统中。为了能够兼顾低频系统提供的较大监控范围以及高频阵列带来的追踪能力，由双轴的旋转电子扫描天线组成的Herakles雷达最终选择了在2000～4000MHz的E/F频段（美国海军S频段）上运行。[6]它可以探测到半径为250千米的空中目标以及半径80千米内的水上目标并同时追踪超过400个空中和水上目标（在制造商的描述中）。此外，在泰勒斯集团的Artemis被动全景监控系统的支持下，Herakles雷达还可以通过目标的红外特征来识别并追踪低仰角的空中威胁目标和海上威胁目标。这三大传感器被安装在了主桅杆上用以提供360度的搜索覆盖范围。

在Herakles雷达的配合下进行防空作战是“紫苑”地对空导弹系统的首要任务。两座八管的法国舰艇建造局“席尔瓦”（SYLVER）A43型垂直发射系统（VLS）坐落于“阿基坦”号主舰炮的尾部，它装备了16发短程“紫苑”–15型导弹，能与主炮配合进行防空作战。Herakles雷达将识别并追踪潜在的飞行器与导弹威胁，并将其在SETIS情报管理系统（CMS）所支持的整体图像上定位。“紫苑”导弹随后会接收到敌方目标的轨道，并在Herakles雷达上行线路提供的线路的引导下接近目标，而在击中目标的最后阶段，导弹的导引头雷达将被激活并完成最后的制导过程。泰勒斯集团称该系统可以同时为所有的16发导弹提供制导支持。法国两艘防空最优化型护卫舰将在剩余的垂直发射系统（VLS）模块中装载额外的16发“紫苑”导弹。它们可能将装配为射程更远的“紫苑”–30导弹——“地平线”级护卫舰以及英国45型驱逐舰中也均使用了“紫苑”–30导弹。

↓ 本图是于2010年4月拍摄的法国“地平线”级防空型护卫舰“福尔宾”号。此次法意在战舰设计方面的合作对法国在FREMM设计中战舰类型的选择也有所影响，尽管这些战舰看起来更像意大利特色的欧洲多功能军舰。（康拉德·沃特斯）

为了与法国作战原则保持一致，“紫苑”导弹并没有得到任何额外的近程防御武器系统（CIWS）的补充。不过，一门位于垂直发射系统模块之前的梅莱拉公司 76 毫米 /62 型中等口径高速舰炮可被用于进行防空与水面作战。此外，船桥上还配备有一个萨基姆·维基 MM 电光式火力控制系统，战舰也配备了各式各样的轻型武器来守护其最后的防线。

水面作战：对“阿基坦”号“多功能”这一特性最完美的诠释便是它为水面作战提供的非凡的支援能力。这绝不仅仅是指一般装载在护卫舰级别的军舰上的典型反舰导弹设备提供的巡航导弹对陆攻击能力。它装备了欧洲导弹公司（MBDA）研制的“风暴阴影”（SCALP/Storm Shadow）空地导弹的一种海用类型——新型法国海基巡航导弹（MdCN），法国舰艇建造局称这是除美国之外西方水面舰艇第一次拥有这一功能强大的武器系统。

海军于 2006 年 12 月从欧洲导弹公司订购了 300 枚 SCALP 舰载巡航导弹。其中 250 枚被指定从 2013 年起在法国反潜型欧洲多功能护卫舰上服役。[7] 对这批新型导弹的测试已经正在进行中。其中，采用 FREMM 护卫舰配置的第一发导弹于 2012 年 6 月进行了成功的试射。实战中，这些导

↓ 图中，意大利欧洲多功能护卫舰（FREMM）首舰“海军上将”（Carlo Bergamini）号正于2011年秋天进行海试。它与法国的欧洲多功能护卫舰（FREMM）在结构上十分相似，并且将诸多意大利战舰独一无二的设计特征结合在一起。其中最为明显的应该是封装在前桅顶部球形屋顶中的欧洲多功能相控阵雷达（EMPAR）。这使得该船在外表上比法国的军舰更接近于“地平线”级护卫舰。（欧洲防务采办机构）

一张很好的“阿基坦”号鸟瞰图，摄于2011年4月“阿基坦”号海试过程中。除去它的反潜最优化设计不提，该舰从本质上来说是一艘现代化的多功能水上战舰。全新的FREMM设计理念可以使它胜任各种水上任务。（法国舰艇建造局）

弹将被封装在长度得到延伸后的“席尔瓦”（SYLVER）A70版本的垂直发射系统（该系统是为法国新型海基巡航导弹而特地设计的）中。而这两座八管的A70发射模块会被装载在短程A43发射台后方。SCALP巡航导弹可以部署相当大型的弹头，并且拥有在半径超过1000千米的范围内进行精确打击的能力，这为法国海军提供了与美国海军“阿利·伯克”级（DDG–51）驱逐舰上现役的“战斧”巡航导弹相似的作战能力。

经确认，SCALP海上型巡航导弹还将得到飞鱼MM40 Block3版本反舰导弹的支援。“地平线”级护卫舰“谢瓦利埃·保罗”号于2010年3月发射了第一枚该型导弹。Block3反舰导弹拥有超过180千米的射程，除了主要的反舰能力之外，还具有对沿海陆地进攻的能力。两座四管的发射台坐落于船只中部、船桥尾部。此外，“巨鳄”型舰载直升机也将在反舰作战中发挥重要作用，特别是它可以使用轻型空对地导弹打击快速攻击艇或者其的小型水上目标。

→图为“阿基坦”号的前桅和封装在金字塔形建筑里的Herakles多功能军用雷达。除了可以同时探测和追踪大量的空中和水上目标之外，Herakles雷达也控制着该舰的地对空导弹。（康拉德·沃特斯）

←图为一艘法国欧洲多功能护卫舰内部的战斗控制中心以及SETIS战斗管理系统明显的多功能控制台。每个控制台都可以独立下达命令以及控制所有系统支持的功能。在防空作战中，所有被Herakles雷达识别的威胁都会被在SETIS系统维持的整体运行图像中标出以便用“紫菀”舰对空导弹对其进行摧毁。（法国舰艇建造局）

对抗措施与生存能力

除了其武器系统之外，“阿基坦”号上还有大量的综合装备在提供电子以及其他对战场抗措施。另外，护卫舰自身的生存能力也因其隐形特性以及大量的损伤控制措施而大大提高。西根集团将法国的泰勒斯公司与意大利的 Elettronica 集团的专业技术结合在一起来为“阿基坦”号提供了一系列主力电子对抗措施。这一系列措施包括能对敌方飞机、导弹和船只运输进行早期探测与预警的被动雷达和通信电子支援措施（ESM），以及主动雷达电子对抗（R–ECM）措施舰载干扰发射台等。后者被安装在位于主桅中端和右舷的经过特殊设计的隐形箱子中。它的软杀伤能力包括两个新一代诱饵发射系统的诱饵发射台以及一个 SLAT 鱼雷诱饵系统。

长久以来，法国一直在海军舰艇隐形技术发展领域处在领先水平。不仅如此，此次欧洲多功能护卫舰的隐形技术又提高到了一个新的层面。事实上，“阿基坦”号的雷达横截面面积（RCS）要比“拉斐特”级护卫舰减小了很多，哪怕

表1.1.2 “阿基坦”主要细节参数

建造信息：	
建造开始时间：	2007年3月16日
下水时间：	2010年4月29日
交付时间：	2012年夏季
建造商：	法国舰艇建造局的布列塔尼洛里昂造船厂
尺寸：	
排水量：	标准排水量5200吨，满载排水量6000吨
船体整体尺寸：	142.2米×19.8米×5.4米（最长7.3米），两柱间距130.2米
武器系统：	
导弹：	两座席尔瓦（Sylver）A43八炮管垂直发射系统（VLS）模块及16枚紫苑15型地对空导弹 两座席尔瓦（Sylver）A70八炮管垂直发射系统（VLS）模块及16枚SCALP巡航导弹 两座四炮管发射台及飞鱼MM40 Block3型反舰导弹
炮：	一座76毫米口径的梅莱拉高速主炮，两座地面武器工业集团的F2型20毫米口径舰炮，轻型机关炮若干
鱼雷：	两对固定的324毫米口径反潜鱼雷发射管及若干MU-90鱼雷
航空器：	一架NFH-90“巨鳄”直升机
对抗措施：	Sigen雷达电子支援措施（REMS）及通信电子支援措施（CEMS），Sigen雷达电子对抗措施（RECM）干扰发射台， 新一代诱饵系统（NGDS）发射台，SLAT鱼雷防御系统
主要传感器：	一架包括敌我识别系统（IFF）在内的Herakles多功能雷达。水面搜寻、导航雷达。 Artemis被动监控系统。一具泰勒斯公司UMS4110舰载声呐。泰勒斯公司 的UMS 4249 CAPTAS-4被动拖曳阵列声呐系统
战斗系统：	法国舰艇建造局（DCNS）的SETIS战斗管理系统。 装备Link11、Link16以及Link22数据链的综合通信系统（FICS）
推进系统：	
机械装置：	柴电燃交替推动装置（CODLOG）。4座额定功率为2.2MW的MTU V16 4000内燃发电机，每个传动轴连有两个热蒙电动发动机。 一座GE/Avio公司生产的额定功率为32MW的LM2500+G4燃气涡轮机。一个伸缩式方位推进器可提供辅助推进
速度和航程：	燃气涡轮机最大可提供航速27节，电动发动机15节。航速15节下航程为6000海里
其他细节：	
补充：	核心船员108名，包括22名军官。可提供145人的住宿。
级别：	已订购的9艘反潜最优化的法国FREMM护卫舰：“阿基坦”号（D650）、“诺曼底”号、“普罗旺斯”号、“布列塔尼”号、“奥弗涅”号、“朗格多克”号、“阿尔萨斯”号、“洛林”号以及一艘未命名军舰。额外的一艘“穆罕默德六世”号是为摩洛哥建造的。

“阿基坦”号（2011）

比例 1:700

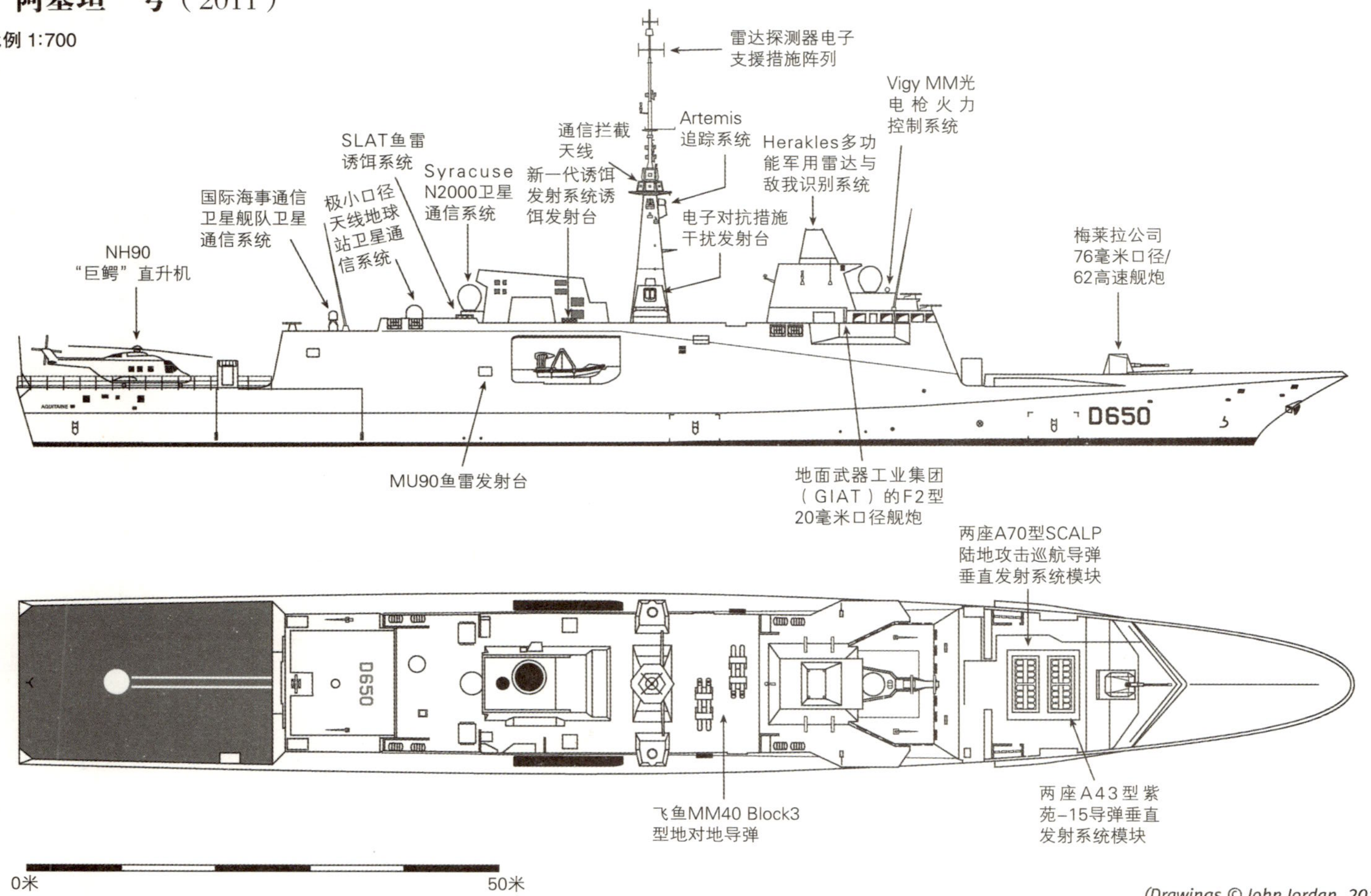

(Drawings © John Jordan, 2012)

以前人们总说“拉斐特”级护卫舰预示着现代化军舰隐形设计时代的到来。在“阿基坦”号的设计中，除了对船体和上层结构塑形与倾角非常关注以外，所有主要的工作甲板、军舰操作区域都受到封闭保护，导弹发射台也尽可能地与船只结构融为一体，并且运用了大量的雷达波吸收性材料与油漆。甚至就连雷达电子对抗组件中的舰载干扰发射台都被封装在它们的隐形盒子中，给“阿基坦”号带来了一双特别的“耳朵”。同时，专家在减少“阿基坦”号的红外特征和声波标记方面也做出了很大的努力。举例而言，柴油机尾气排放装置被安装到吃水线附近使得尾气可以通过海水自然冷却。而对于“阿基坦”号实现反潜最优化的方案来说，其静音操作设计非常重要。因此“阿基坦”号除了采用一个超静音的柴电燃交替推进装置之外，还通过先进科技实现了船体与螺旋桨水动力系统的低噪音化。此外，设计中还通过噪声抑制和对弹性配件的使用来尽可能多地降低船体系统产生的噪音。

“阿基坦”号总共有 7 个甲板，同时它的船体结构被 10 个密不透水的隔板分成了 11 个独立的部分。压力测试表明

→伴随着“阿基坦”号下水而来的是大量舾装工作的开始。在这个过程中，不宜在不露天船坞内进行的核心系统装载工作也会随之展开。这张图片拍摄于2011年初舾装过程接近尾声的时候。我们可以清楚地看到船的前桅处装配的是该船防空能力的核心——Herakles多功能雷达；在高高的主桅之上，配备的是Artemis被动监控系统。（法国舰艇建造局）

“阿基坦”号在三个相邻的区域被水浸没的情况下仍可以保持漂浮状态。连接各个区域之间的走廊主要是一条主甲板上的中心走廊，而船体内部两侧均装配有卷缆柱以及其他设备的高科技走廊。“阿基坦”号的生存能力主要是建立在两个具有自我维护能力的损伤控制区域之上。每个损伤控制区域都被分为上下两层并具有独立的通风及核生化防护装备。损伤控制区域的主体部分位于一间控制机舱内，装配了推进与动力系统并且能从船桥和工程区对这些设备进行控制。船上多处分布的损伤控制面板也为人们进行损伤控制提供了额外的方法，使对于船体损伤的处理更加灵活。尽管这其中的细节信息肯定不可能被透露，但我们有理由相信战舰上最易受损的区域都配有被动保护系统。

其他设计特色

“阿基坦”号的另一个重要设计特色便是它的柴电燃交替（CODLOG）推进系统。在概念上，这与英国皇家海军 23 型护卫舰中所采纳的推进系统十分相似。护卫舰上安装了 4 套 MTU4000 系列柴油机用来进行发电以供应推进系统或用于船上的住宿服务。在柴－电推动模式下，安装在发电机转动轴上的两个施耐德公司的热蒙电动机产生的推进力最大可达 16 节的航速。这已经足以满足 65% 左右的任务情况，甚至还包括要求几乎静音的反潜任务，并且可以保证最大航程在 6000 海里左右。而当被要求使用更高的速度航行时，一个 GE/Avio 公司生产的独立并用机械连接的 LM2500+G4 燃气涡轮机将开始运行并使船只的航速能够达到 27 节以上。[8] 事实上，这种混合设备相比于全电力的推动系统具有更好的灵活性——它并不用依赖于大型发动机以及相应的用以支持

从这张摄于2011年初的图片上我们可以清楚地看到“阿基坦”号的天线，图片显示了它在设计时对隐形能力的强烈的关注，其中包括它封闭的工作甲板、导弹舱与船体的一体化以及装备了雷达电子对抗干扰发射台的隐形盒子。（法国舰艇建造局）

高速电子运转的转换器。[9] 护卫舰上同时还应用了一个伸缩式方位推进器来辅助船只定位和入港行动，增强两个船舵的性能。它还可以在紧急情况下提高推动力，增加 5 节左右的航速。

法国舰艇建造局开发了一个综合平台管理系统来控制舰上的机械设备。该系统连接着约 7000 个分布在护卫舰各处的监控设备，并且是一个更广阔的、旨在通过对自动化最大程度上的使用来减少战舰终身维护费用的平台管理系统的一部分。另外，很多商船的设计经验，特别是在船桥布局上，在以前并没有为法国海军所用。但是现在，这些经验都将被引进，用以降低小型船只增援的操作难度。

这样的整体设计方案成为促使船员数量减少至 108 人的关键性因素：将被取代的 FASM−70 型护卫舰的规格比“阿基坦”号稍小，但其容纳的船员数量要比“阿基坦”级护卫舰多出将近一半。与之前的军舰相比，新型战舰的住宿条件得到了显著的提高：船上有 4 间为船长和高级军官准备的宽敞的单人间以及办公室，为低级军官和高级水兵准备的双人间以及给低级水兵准备的 4 ～ 6 人间。由于战舰足以为 145 人提供住宿服务，因此它可以为登舰的编外人员（例如，指挥团或是小型部队）提供多余的房间。另外，船舱模块化的特性使得船员容纳量至多可达 180 人，这种灵活性和较低的人工成本一样，对出口销售而言都十分重要。

↓ 图为2011年7月海试期间“阿基坦”号在洛里昂一个干燥船坞里的船尾照片。它的船体和推进系统都经过了最优化的设计，几乎已能达到静音运行的境地。在法国舰艇建造局的要求下那些经过了特别的设计以便在反潜作战过程中能够低声运行的螺旋桨的设计细节不便详述。（康拉德·沃特斯）

泰勒斯公司研发的全面综合通

信系统负责着“阿基坦”号上所有的通信。该系统集中在一个安全局域网中，反过来，这个安全局域网可支持超过160个用户同时通过遍布护卫舰的声音终端或电脑终端来使用该系统。该网络还使得更多的对外通信方式成为可能。这些方式包括多种频率的无线电以及民用和军用卫星通信。在交付之后，战舰还将得到北约提供的Lin k11和Link16数据链，甚至是Link 22数据链。此外，(FICS) 系统可以通过进一步的调节来满足一些特殊需求的配置，例如，用户权限甚至是排放标准等。

海试与服役

2011年4月18日“阿基坦”号的首航仅仅标志着该级别第一艘护卫舰综合性海试项目（总共20周的海上测试，历时一年半左右）的开始。此次海试项目将由60名左右的海军士兵来执行。这批海军士兵早在“阿基坦”号初次下水之前便抵达了洛里昂来参加一个模拟军舰管理系统的培训。

→落日余晖下的“阿基坦”号：它那灵活的柴电燃交替（CODLOG）推进系统（与英国皇家海军23型护卫舰中的推进系统十分相似）使得它仅利用柴-电动力就能够完成自身三分之二的任务。（法国舰艇建造局）

初始的海试将从对关键平台系统的初次海上测试开始，这一过程将持续 3 周左右。随后进行的是在总体性能测试之前对主要战斗系统（例如声呐系统）的独立海试，而后将延展至对声波与磁场特征等领域的测试。“山猫”与 NFH-90“巨鳄”直升机的甲板着陆过程测试也都会陆续开始以分别检验“阿基坦”号对 5 吨和 10 吨重量级直升机部署的适应性。

整个海试项目还包括受到欧洲联合军备合作组织（代表法国武器装备总署采购机构）监管的正式海试。这个过程将包含先前已经执行过的 1000 个独立测试中 10% 左右的测试任务，并在正式交付之前确保战舰规格与合同要求一致。虽然合同中允许有 3 个月的宽限期，“阿基坦”号在 2012 年 8 月中旬按时交付。不过在这之后，“阿基坦”号仍需要一段时间才能成为能够全面运行的护卫舰，因为在交付后法国海军需要一段“唤醒期”来充分挖掘“阿基坦”号的优势。设想中，“阿基坦”号很有可能会以布雷斯特为基地来为法国的战略核潜艇提供反潜支持。不过更多的是在 2022 年建造结束之前出厂的该级别护卫舰将被部署在土伦这一法国主力水面舰队的母港。

法国舰艇建造局采用“阿基坦”型设计方案的主要目的之一就是在使运行实用性最大化的同时使得终身维护费用最小化。实际上，该级别护卫舰的初始建造合同中包含有一个从 2012 年交付之后开始生效的提供固定价格补贴的条款，并且该条款在法国第一批 6 艘护卫舰头 6 年的服役生涯内都是有效的。海军将十分重视对舰艇简单但物有所值的维护以支持这份合同的执行。这些维护措施包括为更好地进行内部翻新而扩大的空间以及用以加快设备搬运速度的搬运通道。除了物理设计上的加强之外，更好的维护理念也会很好地保障战舰的正常运行。笔者认为，这些理念中最为重要的莫过

图为2012年3月海试期间一艘降落在“阿基坦”号上的NFH-90“巨鳄”型直升机。随着测试的进行，这个长达一年半的海试项目会包含越来越多的核心功能。（法国舰艇建造局）

← 相比于先前的法国海军军舰，“阿基坦”号可容纳的船员人数大幅减少——这是控制战舰终身花费的一部分。不过船员的住宿标准也得到了很大提高。图为战舰执行官的舱室。（法国舰艇建造局）

于高度关注预期中的维护工作以及通过海上翻新需求的合理化与缩减后的船员规模达成一致的援助周期。在欧洲防御预算紧张的情况下，保证这个项目的经济实力对于这一整体设计而言是至关重要的。值得注意的是，运行费用和维护费用在现代化主力战舰的终身费用中占了四分之三左右。

总结

“阿基坦”号迄今为止的测验项目进展一直很顺利，所有计划中的目标都已按时或者提前达到。它在 2012 年下半年交付给法国海军。“阿基坦”号的到来标志着法国海军现代化历程进入了一个重要的阶段——军方将开始替换那些采用过时的 20 世纪 70 年代设计的舰艇，虽然它们现在仍是法国水面舰队的核心力量。新型护卫舰多功能的特性将在反潜最优化的基础上提供更为多样的作战能力并使得海军运行的灵活性得到大幅提升。同样重要的是，在现今财政紧缩的情况下，护卫舰上人员的大幅缩减以及其他新设计中采用的高效运行方式将大大减少所耗费的物资。

当然，这个项目也并不是一帆风顺的。法国与意大利(意政府推迟了项目首舰的下水时间）在进行合作的道路上遇到了众多困难，这意味着相比于初期的计划，现有的军舰不得不延长其服役时间。此外，项目的开支也比初始设想中高出了一截。我们必须认识到任何对现代化军舰设计以及建造的开支进行准确分析的行为都是十分困难的。在欧洲多功能护卫舰（FREMM）项目的初始设计期间，报道称法国计划订购的 17 艘护卫舰占据了这个价值 110 亿欧元的项目中大约 65 亿的份额。在那个时候人们认为每艘船的单位造价大概在 2.8 亿欧元左右。不过随后，在法国订购量的缩减、战舰类型的转变、通货膨胀以及其他开支增长的作用下，预测结果的准确性受到了很大影响。根据法国国家审计员所引用的数据，法国审计法院于 2010 年认定缩减后的 11 艘军舰的总建造资金为 78 亿欧元，每艘战舰成本花费为 5.5 亿欧元。[10] 尽管如此，这样的单位造价与先前的“地平线”级护卫舰或者与更加专业化的意大利欧洲多功能护卫舰相比也已经足够实惠了。从某种程度上来说，这也反映出法国希望采用足以胜任任务需求的装备而非那些更强力却更昂贵的装备的意愿——举例而言，它放弃了性能更加优异的欧洲多功能相控阵雷达

→“阿基坦”号在洛里昂一个干燥的船坞里。其设计的核心目的：通过使战舰易于维护的设计以及对援助预判体系的使用来实现在使运行实用性最大化的同时使得维护费用最小化。（康拉德·沃特斯）

← 图为电脑生成的法国海基巡航导弹[欧洲导弹集团研制的“风暴阴影”（SCALP/Storm Shadow）空地导弹的海军版本]。法方订购了250枚这样的导弹用以装配反潜型法国欧洲多功能护卫舰：交付于2012年的“阿基坦”号在一年内配备了这种导弹。（欧洲导弹集团 Quadrimage）

（EMPAR）而选择了符合其需求的 Herakles 雷达。这样的实用主义将使得法国在现今欧洲各国海军力量严重弱化的情况下仍保持其一线水面舰队的实力。

总的来说，“阿基坦”号是一艘高效的现代化水面战舰，并能在合理的造价下灵活地为法国海军执行多种任务。在 2012 年夏天的交付预示着法国水面舰队能力的复兴。

注释

[1] “地平线”项目最终以法国和意大利海军的两种实质上完全相同的驱逐舰级别的防空型军舰的建造完成而结束，这两类战舰被分别命名为“福尔宾”（Forbin）级和“安迪·多利亚”（Andrea Doria）级。英国于1999年4月从这个项目中撤出，并着手研发它自己的45型“勇气”级（Daring）驱逐舰。《2010年世界海军评论》（巴恩斯利的，Seaforth出版社，2009年）第132~149页中的HMS Daring: The Royal Navy's Type 45 Air Defence Destroyer 一文对该型驱逐舰作了详细的介绍。

[2] 欧洲联合军备合作组织（OCCAR：Organization Conjointe de Coopération en matière d'Armement）是由法国、德国、意大利以及英国于1996年11月共同建立的，旨在提高对全欧洲军备项

D650

2011年4月18日，距其下水尚不到一年，“阿基坦”号便开始了它的第一次海试。图为在进入大西洋之前，它在布拉维特河上的场景。在这个阶段，很多核心装备[例如它特殊的隐形“耳朵”中的雷达电子对抗（R-ECM）干扰发射台]都还有待安装。该级别护卫舰首舰的综合海试任务将包括20周的海上测试，历时一年半完成。（Bruno Huriet）

目的管理。组织总部设立在德国，现今主要负责A400M型运输飞机、Boxer装甲车以及欧洲多功能护卫舰等8个主要防御项目。同时，该组织也为欧洲多功能护卫舰项目的总体采购管理负有官方责任——实际上，它通过与法国武器装备总署的采购机构共同合作来确保项目的需求都可以被满足。

[3] 最初意大利购买的10艘欧洲多功能护卫舰被划分为4艘反潜型和6艘普通用途护卫舰。2006年，海军下达了两艘原型军舰的订单，并随后于2008年年初再次达成了建造3艘反潜型护卫舰和一艘通用护卫舰的协议。意大利现今的经济状况使得意大利海军不大可能再订购更多的军舰，因此最终意大利将总共拥有6艘欧洲多功能护卫舰。

[4] 最初的洛里昂海军造船厂由英国东印度公司的竞争对手法国印度公司建立，并于1778年被法国政府收购。这是法国舰艇建造局麾下分布于布雷斯特、瑟堡、土伦以及洛里昂等地的10个国内船厂的其中一个。该船厂雇用了约2000个员工，大约占法国舰艇建造局总体员工的20%。

[5] 在法国舰艇建造局的描述中，欧洲多功能护卫舰的核心作战任务包括：

①保卫法国海军战略远洋舰队这股海洋战略力量。
②建设法国长期的国家风险预防体系。
③参与兵力投放任务并为其提供快速反应能力。
④通过提前消除来自空中、水面以及水底的威胁来保护航母以及两栖战斗群这些要执行兵力投放任务的作战单位。

→海试中高速运行的“阿基坦”号。作为一艘灵活高效的标准水面战舰，它在合理的造价之下为法国海军提供了执行多种任务的能力。（法国舰艇建造局）

⑤参与海事安全及治安任务。

⑥作为法国或其同盟国的航母或两栖战斗群的指挥中心。

↑“阿基坦”号名字的字母拼写细节。它在2012年夏天被交付给法国海军。（康拉德·沃特斯）

[6] 使用E/F频段频率的Herakles雷达借鉴的是英国皇家海军45型驱逐舰上的桑普森雷达以及美国海军与宙斯盾相连的早期SPY-1雷达。早期的《世界海军评论》曾经探讨过关于多功能阵列雷达的主题。详情请参阅Norman Friedman在《2011年世界海军评论》（伦敦，Seaforth出版社，2010）第154～162页上的Naval Multifunction Radars: An Overview of their Development一文。

[7] 剩余的50枚导弹将被分配给现今正在建造中的新型“梭鱼”级核动力攻击潜艇。

[8] 它在第一期的海试过程中可以轻松地达到28节的航速。

[9] 关于“阿基坦”号的推进系统设计理念的概括总结可以参阅David Foxwell在2004年10月版的Warship Technology（伦敦，英国皇家造船师协会，2004年）第50～52页上的Innovative power and propulsion system proposed for FREMM。

[10] 请参阅La conduite des programmes d'armement（巴黎，审计法院，2010年）。文件显示具有严重的成本超支现象的工程不仅仅只有盎格鲁·撒克逊国防项目。

[11] 作者在写本章的准备阶段查阅大量的当代工业信息以及其他新闻稿。另外，对于法国欧洲多功能护卫舰项目的发展而言，下面几篇文章可被作为更有条理的信息来源：

①Raphael Arnaud在第129期Marines & Forces Navales（南特，海军出版社，2010年）第10～21页上的FREMM: Les frégates de supériorité navale。

②Bertrand Magueur在第9期Naivre & Histoire-Hors-série（乌特罗，莱拉报业出版社，2008年）第45～47页上的FREMM。

③Guy Toremans在2008年10月版的Jane's Navy International（寇斯顿，IHS公司Jane's分公司，2008年）第18～31页上的Common FREMM work for neighbours' frigate project。

同时非常感谢以下几位人士的鼎力相助：法国舰艇建造局欧洲功能护卫舰项目经理Vincent Martinot-Lagarde以及法国舰艇建造局新闻社的Solen Dupy和Ludovic Colin。

1.2

美国海岸警卫队“传奇”级国家安全舰

“21 世纪我们的第一要务”

作者　**斯科特·特鲁韦**

作为第五代最小型美国武装力量，“传奇”级国家安全舰(NSCs)是21世纪美国海岸警卫队(USCG)的关键性力量。[1] 20多年来，美国海岸警卫队指挥官海军上将罗伯特·J.帕博一直都用“21世纪的第一要务”来描述这第一艘由美国造船厂生产的新型主力安全舰。更加重要的是，他在2012年2月23日的演讲中说道，这些国家安全舰（NSCs）已经“证明了自身对于保护美国海事安全以及繁荣而言是至关重要的工具”。

↓ 图中为2009年10月1号第二艘“传奇”级国家安全舰“维西”号（WMSL-751）正在进行建造方海试。虽然“旗舰”项目被视为是美国海岸警卫队的最高级项目，在近期资金削减的影响下，其订购量仍由8艘减至6艘。（亨廷顿·英格尔斯工业公司）

因此，当国土安全部（DHS）部长在2012年2月宣布

考虑到长期战略需求花费引起的近期预算紧张，军方决定将把 8 艘国家安全舰的采购计划缩减为 6 艘的时候，国内外政府一片哗然。[2] 尽管国土安全部部长珍妮特·纳波利塔诺（Janet Napolitano）一再表示政府将重新考虑建造第 7 艘和第 8 艘国家安全舰，多数人仍表示持怀疑态度。

“在我看来，我们现在与海岸警卫队在关于一些对我而言很重要的资产需求方面有着很大分歧”，美国参议员泰德柯克兰（Thad Cochran）强调说。[3] 这样看来，管理与预算办公室似乎将很有可能会反对海岸警卫队高层提出的建造船只的需求。

“传奇”级国家安全舰的起源——深水项目

在美国海岸警卫队的加盟、跨机构和全球合作伙伴的努力等种种因素的作用下，原始记录在案的 8 艘国家安全舰（NSCs）（在 2012 年中期，是唯一记录在案的项目）计划拥有最小规格的长耐力安全护卫舰力量用以保卫国家海岸线、守卫富饶的海洋资源以及承担作为美国海军第一响应者的身份。它们在美国国内外的防御中发挥了独一无二的作用，并能帮助保护美国及其世界各地同盟国的利益。实际上，军方设计和建造这些国家安全舰是为了保护更大范围内的国土安全，增强法律的执行力，确保国家安全并完成相应的防御任务以支持海岸警卫队“预防和响应”的战略理念：预防潜在危险以及事故中或预防措施失败时出现的违法行为并快速有效地做出响应。这一战略在《2011 年国土安全部美国海岸警卫队白皮书》中有着充分的阐述。[4]

国家安全舰的设计起源于一个命途多舛的综合性深水系统项目。这个项目起始于 20 世纪 90 年代中期，但现在已经

750
U.S. COAST G

美国海岸警卫队的新型国家安全舰将成为其最大的、设备最先进的水上平台。图为是2008年2月（正式交付前6个月）该级别的第一艘安全舰“伯瑟夫”号（WMSL-750）。（美国海岸警卫队）

不复存在。[5] 设想中，该项目将运用一系列的新型航空、海事设备以及相关的通信和后勤支持，通过一种称之为“系统中的系统”的途径来替代美国海岸警卫队老化的深海军舰与航空器。1999 年，美国总统成立的海岸警卫队角色与任务的跨部门专责小组明确指出美国海岸警卫队应该是一支多功能、足以胜任深水任务的部队，并且能满足传统的和非常规的新世纪需求。[6] 总而言之，研究表明，即使美国海岸警卫

队并不存在，它也将注定被创造出来，为深水项目的发展铺平道路。

通过一份2002年6月授予给洛克希德·马丁公司（Lockheed Martin）和诺斯罗普·格鲁曼公司（Northrop Grumman）联合投资成立的综合海岸警卫系统（ICGS）公司的合同，深水项目的交付被委托给了一个私有部门带头的系统集成商。截至2006年11月，这个项目预计将需要250

←图中，国家安全舰“伯瑟夫”（WMSL-750）号正与新型“海洋哨兵”HC-144A海上巡逻机以及引擎翻新后的MH-65C“海豚”直升机共同作业。起初国家安全舰是作为那个不幸的综合深水系统项目旗下综合航空及海事资产的一部分而被订购的，然而现在购买国家安全舰的行动已经逐渐发展成为一个独立的项目。（美国海岸警卫队）

U.S. COAST GUARD
750

图中，2010年2月在第2艘国家安全舰交付的时候，第1艘国家安全舰“伯瑟夫”号（WMSL-750）和第2艘国家安全舰“维希”号（WMSL-751）首次共同出现在镜头中。“伯瑟夫”号服役于2008年8月4日，维希跟随着它于2010年5月7日开始服役。（美国海岸警卫队）

亿美元作为其25年间的主要经费，其中的150亿美元将会被用于购置水面资产。然而在这个时期，由于美国政府责任办公室（即美国审计总署GAO）在若干深水项目资产级别中被标识为管理、基金、花销、时间表、设计以及技术严重短缺的组织之一，该项目遇到了很大的麻烦。而之后造成的结果就是军方解除了与综合海岸警卫系统（ICGS）公司领导的系统集成商的合同并最终决定基于革新后的海岸警卫队采办董事会以及海岸警卫队对系统集成角色的假定之上逐个完成对系统的购置。

在这个资本被彻底重组的项目中，国家安全舰无疑是最大的也是技术含量最高的水面平台。它是起源于深海项目的三种类型安全舰（“哨兵”级快速响应巡逻艇以及其他两类近海巡逻艇）中的其中之一。目前，这三种安全舰都作为独立的收购项目继续存在着。我们有理由相信，配合其他军舰、新型巡逻机、即将获得的无人机系统（UAS）以及尖端的指挥、控制、通信、计算机、情报及监视与侦察（C4ISR）设备，这些安全舰将显著地提高海岸警卫队的操作效力以及互操作性。

除了专业的破冰操作和航海支援工作外，新型的国家安全舰将足以胜任美国海岸警卫队的其他所有任务。“这需要一艘极高能力的军舰以及船员，并装配有合适的工具、指挥与控制系统、船载传感器、信息交换系统与武器系统来达到我们多功能的要求”，海岸安全巡逻舰“维希”号（Waesche）（WMSL–751）指挥官凯利·哈特菲尔德（Kelly Hatfield）上校在多次访谈中如是说。先前，哈特菲尔德在国家安全舰首舰“伯瑟夫”号（Bortholf）（WMSL–750）上担任第一长官的职位。他解释说：“舰艇必须能够快速到达现场，维持在长时间内能够持续出现的能力，通过传感器来监控所有区域并能够通过使用一系列譬如小型船只、直升机以及无人机系统（UASs）等工具来执行任务。并且无论天气好坏，它必须能够执行所有这些工作，全天候提供服务，全年无休。毫无疑问，国家安全舰将是能够力挽狂澜的那个。”

“在开始重组海岸警卫队这方面，我们有着很强烈的紧迫感”，国家安全舰（NSC）项目官员在海岸警卫队司令部的诸多访谈中如是说，“并且在此次重组过程中，国家安全舰（NSC）是一个十分关键的因素。”然而，这种紧迫感在2012年似乎变得淡了。“我们拥有的是一个不会增长的预算，”海军上将帕博（Papp）在2012年2月由战略和国际研究中心主持的演讲中这样讲。“我们只能通过现有的造船能力来达到既定目标。”[7]

对该级别战舰的需求及任务

这些国家安全舰（NSCs）将代替12艘逐渐荒废的“汉密尔顿”（Hamilton）级巡逻舰（WHEC-715）进行服役。“汉密尔顿”级巡逻舰服役于20世纪60年代，并且需要花费高额费用用以维持其378英尺船身的高耐受力。“这批巡逻舰的平均年龄已经达到了45年，”海军上将帕博在2012年2月强调说。“它们已经逐渐老化，维护费用高昂，并且对环境有很大影响。顺带说一句，我们的船员在上面的工作和生活环境非常糟糕。也许你喜欢60年代的设计，但是我更愿意建议为那些志愿为人民走上前线的人们可以拥有一个比现在船上更好的工作环境。”

因此，在2011年5月，海岸警卫队退役了最初的两艘“378”汉密尔顿级巡逻舰——“汉密尔顿”号（WHEC-715）和“大通”号（WHEC-718）分别被转让给了菲律宾海军和

STRATTON
NATALIE COLLE

尼日利亚海军。而进一步的退役计划于2012年中期或以后进行。“所以，获得全部8艘国家安全舰这一项目对我们来说是至关重要的，”在2011年做出削减资金至购买6艘巡航舰的决定之前，海军上将帕博对此进行了证实。“我们的国家需要它们，我们的船员值得拥有这么棒的军舰，我们的军队需要它们来捍卫自己的宣言‘时刻做好准备’的真实性。”[8]在2012年3月31日“斯特拉顿”号（Stratton）的试运行结束之后，3艘替代用的国家安全舰“伯瑟夫”号、“维希”号和“斯特拉顿”号（WMSL-752）于2012年6月全部进入了巡航舰武装部队。此外，制造新的“哈密尔顿”（Hamilton）号（WMSL-753）的合约已在2010年签订，而关于第5艘国家安全舰（NSC）“约书亚 · 詹姆斯”号（Joshua James）（WMSL-754）的合约则在2011年9月9日签订。现行计划中，第6艘巡航舰（并且有可能是最后一艘）将于2016年交付。尽管第7艘、第8艘军舰的资金已被削减，官方项目中在案的记录仍然是8艘“传奇”级巡航舰。

最初的3艘国家安全舰分别以阿拉米达、加利福尼亚为母港。在2012年3月初，海军上将帕博证实说第4艘、第5艘安全舰将分别以查尔斯顿、卡罗莱纳州南部为母港；第6艘在阿拉米达；而最后的2艘——如果资金能够得到补充的话——则在火奴鲁鲁（即檀香山）和夏威夷。“由于‘系统之系统’模型的建立和深水项目进入到对这8艘均拥有直升机和无人机系统（UAS）（数量上和16艘国家安全舰在20世纪90年代末期做的需求评估一样多）支持的国家安全舰进行分析的阶段，即使是8艘国家安全舰也可能不足以满足我们的需求，”哈特菲尔德上校说道。“如果没有使用无人航空器，”法特菲尔德继续说，“我们可能会需要更多的国家安全舰，但是就现在而言，项目记录在案的安全舰仍是8艘，

← “斯特拉顿”（Stratton）号（WMSL-752）是第三艘“传奇”级国家安全舰。该图拍摄于2011年8月海试开始之前，它将于2012年3月31日开始服役。国家安全舰主要用作远程警卫任务，同时也可以作为廉价的多功能军舰。（亨廷顿 · 英格尔斯工业集团公司）

资金到位的为 6 艘。”

其他观察家评论说国家安全舰设计对美国逐步成长的海事安全和在国家舰队政策下的警察任务而言是非常理想的。这一国家舰队政策于 1998 年由海岸警卫队司令官授权并于 2006 年由海军总参谋部部长进行了扩展。“除了保卫国家海域安全能力之外，国家安全舰还是一款很好的低档多功能军舰，”诺曼 · 波尔马（Norman Polmar）（Ships and Aircraft of

the US Fleet 一书的作者）在 2012 年 3 月的访谈中这样说，“尽管在白色油漆和橙色条纹的衬托下，国家安全舰看起来更像是一艘战舰！”确实，在 2012 年 3 月，国家安全舰的建造者亨廷顿·英格斯工业集团旗下英格斯造船厂公开了灰颜色的巡航护卫型国家安全舰，该舰在美国海军计划中可以作为濒海战斗舰（LCS）的补充使用。[9]

作为海岸警卫队防御行动和反恐项目的负责人，迈克

←图中，2011年5月，在太平洋上的军演期间，美国海岸警卫队国家安全舰“维希”号（WMSL-751）正从军事燃油补给舰“育空”号（T-AO-202）上补充燃油。国家安全舰的设计是为了与美国其他海军战力相互配合以胜任远程部署任务来为美国本土提供彻底的防御。（美国海岸警卫队）

尔·莫恩上校在2012年3月初解释说，“区域作战司令部（COCOM）对海岸警卫队主力巡逻舰的需求正在日益增加。然而，不幸的是我们的军舰生产能力跟不上需求增长的步伐。诸如国家安全舰这样的巡航舰都拥有独一无二的属性，这对加强与其他国家海军和海岸警卫队（大多数更相似于美国的海岸警卫队而不是海军）的伙伴关系有着很大的吸引力。”他接着讲，“此外，许多受雇于作战司令部安全合作中心的海事机构常常与防御部门之外的其他部门合作，这使得国土安全方面变得更为中心化。”在对这一点反思过后，国家安全舰防御行动将2012年的夏天迎来两个里程碑——在夏威夷周边海域举行的环太平洋联合军事演习（RIMPAC）以及在亚洲举行的用以补充北极正在进行的联合海事安全行动的“卡拉特”联合海上战备和训练（CARAT）行动。“这些行动将充分地考察应用国家安全舰作为独一无二的国家安全海事军备的可行性，”莫恩做出了这样的预测。

“国家安全舰是海岸警卫队的‘战斗群队员’，”指挥官凯文·沃斯——美国海岸警卫队（USCG）国家安全舰部队分部（CG751）发言人，在2011年年末的一次访谈中这样说道：“他们不仅仅能胜任沿海行动，国家安全舰的速度、范围、耐受力以及其有机系统使得它能够提供持久的作业能力和远程武力投射能力，巡逻范围可从白令海峡和北冰洋到俄罗斯与美国的海上疆界，到夏威夷和关岛……成千上万平方英里的海域。该级别的巡逻舰将在国土深入防御的前线服役，包括近至美国海域远至海外的海域，”他补充说道，“速度和耐受力是至关重要的，”因为这是海上航行安全和稳定性的保证。

海岸警卫队国家安全舰首舰（NSC）初次被派往阿拉斯加水域的任务经历很好地强调了这一点。“来自白令海峡的问候！”美国海岸警卫队约翰 · 普林斯上校——“巴索夫”号（Bertholf）的首位指挥官，在2011年5月大喊道。[10]“我们的一艘国家安全舰在阿拉斯加州海域已经执行了超过一个月的巡逻任务，我敢说这艘船以及我们的船员的表现都是十分惊艳的。我们在冰点温度下以超过60节的航速经历过20英尺高的海浪和狂风，在这样的海洋条件下这艘船仍然能够将自己保持在俯仰角和摇晃程度的限制之下使得直升机起飞。我们可以在12～15节的航速下轻松地航行通过能掀起高达14英尺的巨浪的水域，这验证了国家安全舰的耐波性和稳定性以及我们对任何紧急情况做出快速反应的能力。”

“国家安全舰使得在高威胁区域的较长时间巡逻变为可能。例如加拉帕戈斯群岛西侧，在那里毒品走私人员的母舰是支持快速逃窜的自推进半潜式（SPSS）船只，”哈特菲尔德上校补充说。“我们的远程C-130海上巡逻机（MPAs）不能依靠最新的重要运行站点来维持巡逻状态。但和全国情报节点与航空设备紧密地结合起来的水面部队却能够为抗击此类威胁提供持续、长久的战力。

2011年秋季，“维希”（Waesche）号结束为期90天的在太平洋东部具有威胁的海域中进行的巡航之后，哈特菲尔德解释说，“战术指挥官在计划武力搁置时应该仔细地考虑到国家安全舰的速度、耐久力和固有性能。”“传奇”级安全舰能在更长的时间里提供很好的近海巡航能力，并且配备了两架直升机使得国家安全舰可以在更为广阔的海域内执行巡逻任务。另外，和378s型巡逻舰相比较，国家安全舰在高海浪状况下高速冲刺的能力意味着它可以快速地对新目标进行重新定位和再次交战，丝毫不浪费其用以就位待命的时间。简而言之，“传奇”级巡逻舰在战术上和战争中都具有力挽狂澜的潜能。

→2011年春季，首艘“传奇”级国家安全舰“伯瑟夫”号（WMSL-750）与俄罗斯联邦边防局1135“克里瓦克Ⅲ”项目的护卫舰Vorovsky号在白令海峡进行军演。这是“伯瑟夫”号在阿拉斯加州水域的初次调度。（美国海岸警卫队）

БЕРЕГОВАЯ ОХРАНА
160
U.S. COAST GUARD
750

“传奇”级特征与性能

“国家安全舰在设计中包含了两个相互竞争的属性。”哈特菲尔德上校如是说。“它们都是具有长耐久力的多功能军舰，但可以高速行驶。船体形态在速度、耐久力、耐波性方面都经过了最优化的设计，因此甚至在高速或高海浪状况下，船只仍然可以安静、平稳地航行。”在这样的初步构造之下，从 20 世纪 90 年代末期开始，国家安全舰的设计更多地考虑到了越来越多的极具挑战性的威胁、需求、任务与工作。同时展望未来，国家安全舰拥有充足的重量和体积的增长空间用以保证在预期的 30 年服役生涯中可以承担起海岸警卫队预计的人民安全、国土安全以及管理工作等多项任务。

与“汉密尔顿”级 378 英尺的长度相比，418 英尺的国家安全舰设计提供了更好的耐波性和更高的运转速度；更好的耐久力和更大的巡逻范围；更好的发射、回收小型船只、直升机和无人机（UAS）的能力；先进的指挥、控制、通信、计算机、情报及监视与侦察（C4ISR）系统和处理敏感区域信息的能力；大为改善的生活工作环境。在所有的这些关键属性的作用下，海岸警卫队得以成功并安全地承担起越来越大的国土安全以及国防责任。表 1.2.1 列出了国家安全舰的主要特征。

美国海军的互用性：“我们和美国海军有着非常紧密的联系，”国家安全舰项目官员称，“并且国家安全舰是海军及海岸警卫队国家舰队政策与战略的关键因素。”[11] 这项政策呼吁美国海军和海岸警卫队武装力量要“在任何可能的情况下，经过设计达成共同的指挥、控制和通信系统以及操作、武器和工程系统，并且包括协调操作计划、采购、训练以及

打猎：美国海岸警卫队（USCG）风格

我是一个长期的蒙大拿州的捕捉鹿和麋鹿的猎人，我将一套猎人的类比运用到了海岸警卫队身上。

当你在蒙大拿广阔无垠的郊外打猎的时候，你必须研究动物的习惯和它的栖息地，来确认你处在最佳的位置。然而，你的成功还取决于就在这一天是否会有动物在这里出现。如果你每天都去同一个地点，最终你一定会成功。

这就是海岸警卫队。我们有历史上著名的模式、情报和传感器来帮助我们来确认哪里是敌人更有可能出现的海域和高威胁的区域。我们要执行任务的海域往往是离海岸几千里之外的、远离我们的母港与后勤基地——太平洋海域东部加拉帕戈斯群岛西部，太平洋中间的我们的领土周围的美国专有的经济区，在太平洋北部和白令海峡。

敌人口述什么时候他们将到达的这种情况就更为复杂了。因此我们必须在一段很长的周期内，无论任何天气或海洋状况，都可以每天到达那里。只有这样当他们到达那里的时候我们便能成功地封锁他们。这就是耐久力。了解敌人在哪里是很重要的，但是如果你不具有耐久力来保证在合适的时间里具有合适的能力在那里迎接敌人，一切都是毫无用处的。

国家安全舰为我们提供了大量需要的耐久力和性能来保证我们在打击那些危害我们国家和我们的国际伙伴的敌人的过程中能够取得胜利。

凯利·哈特菲尔德上校，美国海岸警卫队

美国海岸警卫队“维希”号（WMSL-751）指挥官

2012 年 4 月

表1.2.1 伯瑟夫（Bertholf）号（WMSL-750）主要细节参数

建造信息：	
龙骨铺设：	2005年3月29日
下水：	2006年9月29日
开始服役：	2008年8月4日
建造商：	诺斯罗普·格鲁曼造船厂（现在为Huntington Ingalls公司的船舶建造部门）旗下位于密西西比州的帕斯卡古拉船厂
尺寸：	
排水量：	标准排水量3200吨，满载排水量4500吨
船体整体尺寸：	127.4米×16.5米×6.8米
武器系统：	
船炮：	57毫米口径Mk110主炮一架，20毫米口径“火神”密集阵近程防御武器系统一套，机关枪
航空器：	最多两架MH-65C“海豚”直升机或MH-60T“坚鹰”直升机，无人驾驶飞机也可操作
对抗措施：	SQL-32电子战争系列。Mk53诱饵发射系统。舰载增量E信号收发装置（SSEE-E）
主要传感器：	一个欧洲宇航公司的TRS-3D/16 air/海面搜寻雷达，一个SPQ-9B水面搜索与火力控制雷达，多个导航雷达
通信系统：	通信包括HF、VHF以及UHF无线电链接。敏感信息隔离设施（SCIF）
其他：	一艘11米远程拦截船（LRI）以及两艘用以搭载7米超视距（OTH）入嵌式船只，舰艉船只收放斜坡
推进系统：	
机械装置：	柴燃联合动力系统（CODAG）：两台额定功率为7.2MW的MTU V20 1163柴油机，一台额定功率为22MW的GE LM2500燃气涡轮机。两架轴推进
速度与范围：	冲刺速度可达30余节，或持续以28节的航速航行。航程：12节航速航行12000海里
其他细节：	
补充：	正规船员规模为110人，可提供148人的住宿环境
级别：	当前计划为6艘“传奇”级国家安全舰，迄今为止已订购了5艘，分别为：“伯瑟夫”（Bertholf）号（WMSL-750）、“维希”（Waesche）号（WMSL-751）、“斯特拉顿”（Stratton）号（WMSL-752）、“汉密尔顿”（Hamilton）号（WMSL-753），以及“约书亚 詹姆斯”（Joshua James）号（WMSL-754）

美国海岸警卫队“伯瑟夫”号（2008）

比例 1:600

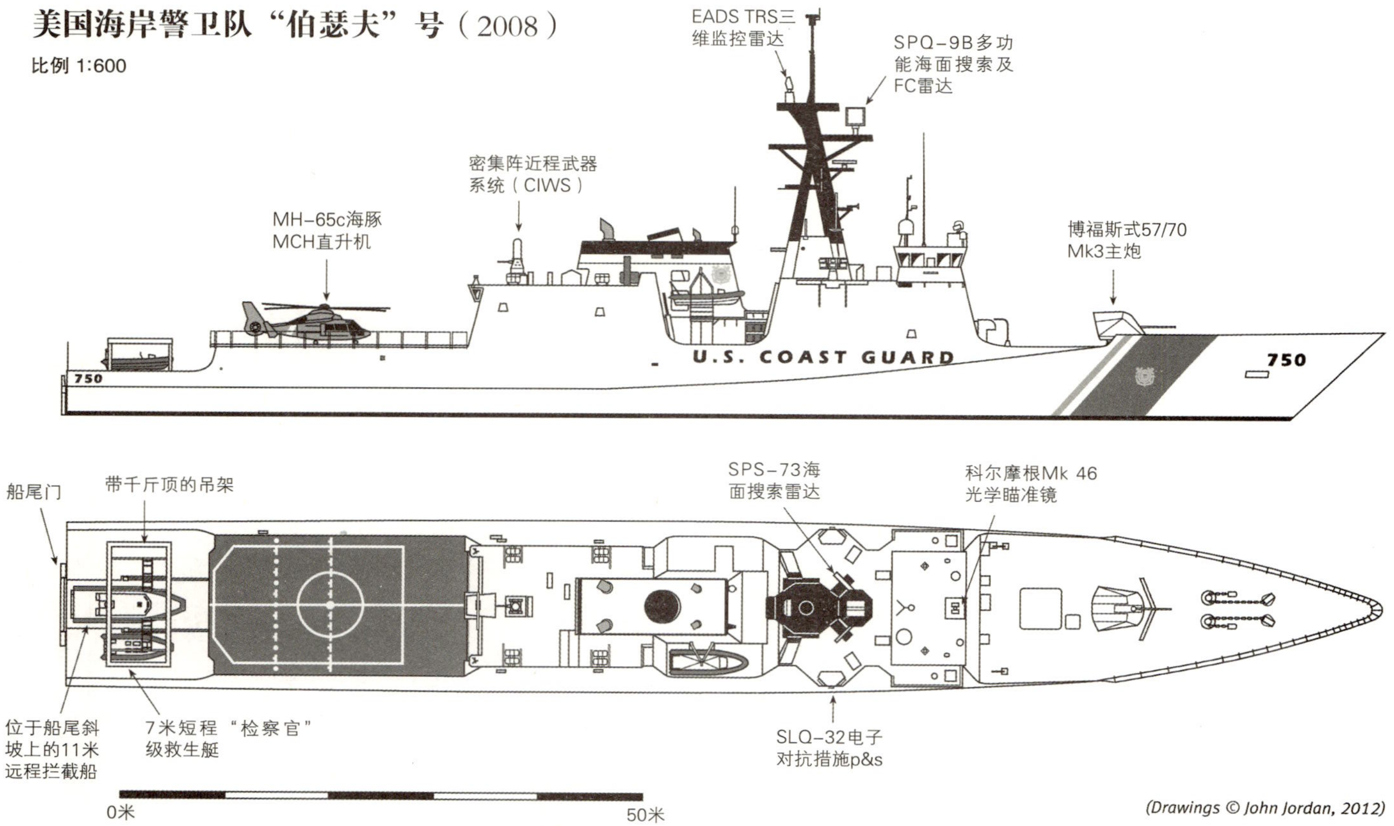

(Drawings © John Jordan, 2012)

后勤等多项任务。”因此，国家安全舰与美国海军平台系统的互用性是十分显然的，“自由”级和“独立”级（LCS–1/2）安全舰甚至与“阿利·伯克”级导弹驱逐舰（DDG–51）都有着明显的共同点。[12] 这些共同点包括：

国家安全舰上的 Mk110 57 毫米口径主炮与美国海军在濒海战斗舰（LCS）上的主炮完全一样。这架口径为 57 毫米口径的主炮拥有双重防空（高空和低空）与反潜性能，并且可以通过程序控制炮弹在水面目标 7 米左右的上空进行空

中爆炸——在对付快速逃逸的船只方面，这是一件绝妙的武器。我们在美国海军的诸多军舰上也均能见到 Block 1B 型的近程武器系统（CIWS），它不仅可作为反地导弹，还拥有对抗航空器和巡航导弹的反空功能。另外，国建安全舰和海军军舰上还都配备了相同的 0.50 英寸口径卡尔机关枪。

这两者之间的其他共性还包括 TRS-3D 对空搜索雷达，X 和 S 波段 [对应北大西洋公约组织（NATO）I/J 和 E/F 波段] 海面搜索雷达以及导航雷达，SPQ-9B 火力控制雷达，

↓ 首艘国家安全舰——“伯瑟夫”号（WMSL-750）的全貌。其上许多设备都和美国海军水面军舰相同，包括57毫米口径主炮、“火神”密集阵近程防御武器系统（CIWS）以及DDG-51设计相似的桅杆以及诸多雷达系统。（亨廷顿·英格尔斯公司）

SLQ-32 电子监控系统，以及 Mk46 EO/IR 系统。

国家安全舰与现今的 DDG-51 型设计的驱逐舰有着相同的隐形桅杆设计以及与标准 DDG-51 推进设备相似的燃气涡轮机。

海岸警卫队掌控 57 毫米口径主炮的船员都在美国海军学校接受过专业训练，而海军则通过海岸警卫队学校来训练其 TRS-3D 空中搜索雷达操作员。

虽然国家安全舰设计成熟于 2000 年，"9 · 11"这一悲剧的发生还是引起了军方需求的巨大转变，其中包括对化学、生物、辐射、核威胁和强力爆炸装置（CBRNE）的防御需求以及与其他军队和国土安全部门之间更好的互用性。这包括了敏感信息隔离设施、船只信号勘测设备（舰载增量 E 信号收发装置），以及安全的指挥、控制、通信、计算机、情报及监视与侦察（C4ISR）系统的添加。

国家安全舰是美国海岸警卫队首艘拥有集合防卫系统（CPS）的巡逻舰，可以抵御化学、生物、辐射、核威胁和强

→图为"伯瑟夫"号（WMSL-750）在2009年2月的战斗系统舰艇资格认证海试中的Mk110主炮以及"火神"密集阵近程防御武器系统（CIWS）。该级别的武器在基本警卫任务中为美军提供了一系列的对抗水面舰艇、飞机及导弹威胁的能力，反映了美国海军对更广的互用性的追求。（美国海岸警卫队）

力爆炸装置（CBRNE）的威胁，并且首次配备了专用的敏感信息隔离设施(SCIF)和舰载增量 E 信号收发装置(SSEE)。“在‘9·11’事件之后出现的一个关键的能力便是集合防卫系统（CPS），”哈特菲尔德上校强调。“国家安全舰可以在化学、生物、辐射、核威胁和强力爆炸装置（CBRNE）等危险环境下运行 96 个小时，”一个在拥挤的港口或航道工作的匿名人员是这样说的，“我们将可以提供关键的指挥、控制、通信、计算机、情报及监视与侦察（C4ISR）能力来支持同盟国以及当地的紧急应对力量。”

国家安全舰拥有的敏感信息隔离设施（SCIF）、舰载增量 E 信号收发装置（SSEE）以及安全的指挥、控制、通信、计算机、情报及监视与侦察（C4ISR）系统意味着它足以胜任海军战斗群的作战行动。日常而言，海岸警卫队专注于每年 365 天的巡航任务来支持海军和当地战斗指挥官的行动。其每年实际的部署是由海岸警卫队在美国国防部（DOD）全球力量管理进程中扮演的角色而定。“例如，‘维希’号将按

尽管拥有来自美国一线战舰的众多系统，国家安全舰的首要警卫任务意味着在不良天气状况下操纵一系列小舰艇的能力是其必要的需求。这项能力在船尾斜坡系统以及邻近吃水线的一个侧口门的辅助下才能得以进行。二者均可在这张2011年10月的“斯特拉顿”号（WMSL-752）的图片中看出。（美国海岸警卫队）

U.S. COAST GUARD

照计划改变作战指挥权加入第七舰队参加2012年度‘卡拉特’联合海上战备和训练演习，”哈特菲尔德上校说道。并且，在国家紧急状况或战争中，所有的海岸警卫队力量将移交给海军部长指挥。因此，良好的互用性是必须的，而不是“锦上添花”。此外，国家安全舰是国土安全部MOTR计划旗下的重要资产。[13]根据美国法典第14部和第10部的规定，国家安全舰在国土安全和国家防御之间起到了完美的接合作用。它的规格、耐久力以及C4ISR系统也使得其能支持其他机构行使权力。

↓图中，一架MH-65“海豚”直升机在被首次调度至俄罗斯与阿拉斯加州之间的白令海峡过程中，在“伯瑟夫”号（WMSL-750）上补给燃油。该级别巡逻舰上可支持最多两架直升机的停放。而在未来，无人机也可投入使用。（美国海岸警卫队）

2011年6月“伯瑟夫”号在2011年北方边缘联合军演中得到的经验更是强调了这一点。“显然，”大卫·拉马西尼司令——“伯瑟夫”号的指挥官，解释说，“我们的海军伙伴拥有十分关键并且独一无二的高强度能力，这是国家安全舰所不具备的。我们需要所有的这些力量来满足国家真实的

安全需求。然而，”他继续说道，“在我们日益减小的船员规模和不断延展的独立巡逻范围的基础上，国家安全舰可以提供给作战指挥官一个更加高效的途径——通过拓展海岸警卫队的全球海事伙伴关系从而在低强度冲突与战区安全合作的基础上加强海外和平，其作用相当于抛出一支代表和平的橄榄枝。但从传统意义上来说，作战指挥官往往更希望海岸警卫队在他们的责任区域范围内行动。然而我要说的是，一旦他们见到了正在执行任务的国家安全舰，他们将不仅仅是喜欢它，他们将爱上这艘舰艇并且希望得到更多的这种军舰！”[14]

↑ “伯瑟夫”号（WMSL-750）通过其Mk53诱饵发射系统发射的一枚Nulka海上诱饵。与其他海上巡逻舰相比，国家安全舰罕见地在电子对抗与物理对抗措施方面拥有大量补给。（美国海岸警卫队）

舰载船只部署：国家安全舰舰载船共只有三艘：一艘 11 米长的远程拦截船（LRI）以及两艘 7 米长的超视距（OTH）嵌入型船只。在 2012 年中期，这三艘船的下一代替换产品正在研发过程中。在节能的滑行速度下，采用铝制船体的第二代远程拦截船（LRI-Ⅱ）最高航速可达到 35 节，航程为 240 海里。它将成为可以大幅延伸国家安全舰战略巡查范围的一个有机平台。远程拦截船的下水和回归过程都在船尾的斜坡上进行，由一对船上的内燃机和海水喷射器进行推动。它可以在 5 级海况下运行并可以于 6 级海况下幸存（根据海洋条件，在国家安全舰航速为 5 ~ 10 节的情况下，船尾的下水和回归过程通常情况下只需 3 ~ 5 分钟）。该船配备可扩展的综合导航系统（SINS），一个标准通信工具包以及船载武器（包括两架 M240 7.62 毫米口径的通用机关枪)。铝制船壳的超视距舰艇是国家安全舰实现快速响应功能的重要水上设备，它可以通过船尾的斜坡或者是右舷吊艇柱实现下水以及回归。利用一个单一的船载内燃机引擎以及海水喷射器，“超视距”型舰艇能在节约的滑行速度下可实现高达 40 节的航速以及 200 海里的航程。此外，它还足以在 5 级海况下幸存，和远程拦截船配备有一样的 SINS 系统、通信包以及一架 M240 7.62 毫米口径的通用机关枪。

国家安全舰设计创新包括了一个高于吃水线 3 英尺的右舷侧门，这将可以很好地缓和海上航道上中小型船只人员通过软梯登船的需求。在平静的海面上或码头边，这扇门还能允许船员通行以装载或者卸载储备品和设备。超视距舰艇的吊艇柱位于船只右舷一侧的船腹中，因此它极大地缩小了纵摇横摇程度并且允许了船只在高级别海况条件下的运行。有机的航空支援也十分令人印象深刻。“国家安全舰的飞行甲板非常大，”船长哈特菲尔德说，“这一点对我们在高级别海况条件下发射和回收直升机以及无人机（当我们得到它们的时候）的能力至关重要。在我们获得这项能力后，国家安全

舰的无人机系统能比 378s 战舰的系统在更加危险的海况下工作。”

推进系统：可能船只最值得注意的技术革新就体现在了其机炉舱上。国家安全舰是第一艘拥有柴油燃气涡轮（CODAG）推进系统的巡逻舰，这意味着柴油和燃气涡轮这两种原动力是可以同时使用的。“哈密尔顿 378s”号是第一艘拥有燃气涡轮（GT）推进系统的美国军舰。在这种情况下，柴油燃气涡轮（CODOG）推进系统中第二个字母“O”意味着“或者（Or）”。美国海军曾有一款采用燃气涡轮（GT）动力装置的“斯普鲁恩斯“（DD–963）级战舰在 1975 年加入过舰队服役。[15] 两个 MTU 柴油内燃机以及一个燃气涡轮驱动着国家安全舰的两个轴以及一对反转桨——这套设备与德国海军的 F124 级军舰十分相似。此外，国家安全舰上的燃气涡轮装置与美国海军 DDG–51 上的设备也很相像。“这是一种‘尖端市场’体系，风险性较低，”国家安全舰项目负责官证实说。据悉，使用这套设备能带来极好的持久力——可以在 12 节的航速下航行 12000 海里，理想情况下在无补给情况下支持长达 60 天的巡逻周期——这使其能在驻扎和

←为国家安全舰“伯瑟夫”号上船员（6人间）和基层军官（2人间）的包房。尽管正常船员总数为110人左右，该船总共可以提供148人的住宿，其中包括2人间、4人间和6人间。“传奇”级安全舰设计的一个重要特色就是为船员的生活质量提供额外的补充，包括灵活的多性别房间配置。（美国海岸警卫队）

→图为“伯瑟夫”号（WMSL-750）的长距离拦截船从战舰尾部斜坡释放的场景。这种长达11米的长距离拦截船是国家安全舰上能放置的最大的三种小型船只之一。此外，安全舰还能携带两艘长达7米的“超视距”（OTH）快艇。（美国海岸警卫队）

750
U.S. COAST GUARD

运行灵活性上花费更多的时间。此外，设备的灵活性也是十分重要的。

“我们可以运行一个或两个内燃机，或者只运行燃气涡轮机来驱动一个或两个传动轴，同时一个内燃机可以驱动两个轴并且具有在确定轴转速（RPMs）的同时控制每个转动轴俯仰、前后的动作独立于另外一个轴的能力。”哈特菲尔德强调说，“对于大多数经济的‘蒸汽机’来讲，一个内燃机可以驱动一个或两个轴；在高速行驶情况下——大于（众所周知的）28 节的航速下——两个内燃机和一个燃气涡轮可以进行联机工作。”

“这种重叠的动力链在任何速度状态下都是节约经济成本的。”国家安全舰项目负责官员说，“并且这艘船可以采用速度 / 动力曲线拐角处代表的模式在任何速度之下有着节约成本的表现：最慢的速度下，一个内燃机驱动一个轴；而在高

←图为首艘国家安全舰“伯瑟夫”号（WMSL-750）2008年在墨西哥海湾进行推进系统海试的过程。这艘新船灵活的柴油燃气涡轮（CODAG）推进系统相比于先前的船只提供了更好的运行灵活性，同时最高航速可超过30节。（亨廷顿·英格尔斯公司）

速条件下，则是两个内燃机与燃气涡轮为两个轴提供动力。”这种“尖端市场”的柴油燃气涡轮（CODAG）系统比柴油燃气涡轮组合机（CODOG）设备更为复杂，其中最为关键的结构就是用以连接一个（几个）或是全部三个动力与一个或两个传动轴的接合齿轮。“这种先进的机械控制系统的特征之一便是我们可以快速地将动力从一个转换到另一个。”哈特菲尔德上校补充说。另外，因为拥有设置一轴在前一轴在后的能力，该船在低速状态下也有着高度的操作灵活性，并且可以在很短的时间内停泊在码头或是旋转 180 度。另外一个结果是极好的推进冗余。“在传动轴上损失动力对国家安全舰来讲是一件灾难性的事件。”他强调说。

国家安全舰也吸取了很多有环保作用的操作改进意见。378s 型舰艇中并没有专用的压载舱，因此当它们燃烧燃料以后则必须在它们空的燃料箱中增加盐水来维持适当的稳定性。当它们回归母港之后，它们需要专用的设施来抽出剩余的盐水 / 燃料混合物并且清理燃料箱，而后新的燃料才可以

→图为“传奇“级二号国家安全舰“维希”号（WMSL-751）的装配过程，图中不同的区域为“维希”号上的不同层次。需要组装各艘船的区域的数量正在逐渐地减少，这使得早期舾装工作以及隐秘的测试工作得以进行，并能因此提高效率。（亨廷顿·英格尔斯公司）

装载进去：这是十分耗时并且有潜在危险的过程。相反，国家安全舰拥有专用的盐水压载舱，可以在不污染燃料箱的效果下维持运行时的整齐性。“安全舰在经济速度下的 12000 海里巡逻范围和在 14 节航速下的 8000 海里巡逻范围使得我们能在海面上一次性维持超过 24 天，并且在传感器和直升机的帮助下扩大巡逻海域的范围，同时仍然可以保留一个燃料箱用以应对可能出现的紧急情况。”普林斯上校强调说。“我们安装的压载舱可以在安全极限状态下保持我们的稳定性，而不用关心低燃料状况，并且相比于像 378s 型舰艇上没有压载舱只有燃料舱的情况下，它帮助我们更好地维持和保护海上环境。”

“人文元素”：在依据项目的杠杆效应技术以及“人为表现评估”将船员需求减少至最佳水平后，国家安全舰上的船员人数比 378s 型巡逻舰上的船员缩减了 33%。

迈克 · 杜图，英格尔斯造船厂（亨廷顿 · 英格尔斯公司的一个分部，前身为诺斯罗普 · 格鲁曼造船厂）国家安全舰

项目经理，称对人文的关注意味着生活质量在设计伊始就被强调起来。“国家安全舰的可居性以及其旅馆形式的特色都是极好的。”他在一次电话访谈中如是说，“我们考虑到最大人数规模下的船员生活质量，并且拥有两人间、四人间和六人间共 148 人的住宿环境，每套房间都有自己独有的设施。”理论来说，国家安全舰船员总数为 114 人，因此船上有足够的灵活性以及空白来容纳编外的人员。

“指挥官、执行官、工程师以及分组主任拥有单独的包间，”他补充到。而考虑到海上女性船员的生活，混合性别的房间配置将变得更为灵活。同时每个房间中都配备有电脑，可以连接至舰艇上的局域网，并且可以点播娱乐视频进行观看。船上还有专用的为部署的执法部队、直升机、无人机以及敏感信息隔离设施（SCIF）分遣队准备的生活区域以及一个两倍训练房大小的专用远程教学设施。

↓ 图为2006年9月在密西西比州帕斯卡古拉的英格尔斯造船厂中“伯瑟夫”号（WMSL-750）准备下水的场景。所有的6艘计划中的国家安全舰将在这个造船厂中进行建造，这个造船厂现在为亨廷顿·英格尔斯公司的一个分部。（亨廷顿·英格尔斯公司）

国家安全舰上的船员不必为淡水苦恼。两个反渗透脱盐单元每天可生产 12000 加仑的淡水，这意味着每位船员每天有 81 加仑的淡水的补给。这比美国海军的水面军舰甚至是航空母舰都更为可观[16]：例如，一艘濒海战斗舰每人每天可供应 26 加仑的淡水，一艘 FFG-7 级护卫舰每人每天供应 28 加仑的淡水，一艘 DDG-51 驱逐舰每人每天供应约 44 加仑淡水。下一代 CVN-21 核动力航母按照预定要求来说只能提供每人每天 36 加仑的淡水。只有在最理想的人员配备下（148 名船员），15300 吨级别的 DDG-1000 将可以像国家安全舰一样提供一样多的饮用水。

“在设计中，官员、军士长以及普通士兵休息的休息处是分离的，”杜图强调说。集中型的餐饮服务设计使其能分别为官员、军士长以及普通士兵提供不同食物。但所有的这些都处于同一个甲板上。船上有足够的耗材用以支持从母港出发后 60 天内的生活需求。

建造项目

尽管从海岸警卫队的观点来讲这里有很多的技术创新，国建安全舰项目仍是一个低风险的项目。“我们并没有站在产品科技的最前沿，”国家安全舰项目负责官员补充说，“但是我们所生产出来的是功能非常强大的巡逻舰。从某种意义上来说，我们所获得的比我们当初想要的更多。”尽管如此，这些复杂的、多功能军舰并不便宜，并且第一艘安全舰和接下来的几艘战舰的成本有着在允许范围内的差异。

项目费用：前三艘国家安全舰是通过诺斯罗普·格鲁曼公司以及洛克希德·马丁公司深水综合海岸警卫系统集团“固定价加奖励费用”这一合约获得的。相反地，第 4 艘和第 5 艘则是通过亨廷顿·英格尔斯公司在“稳步对固定价格进行刺激”的合约获得的，后者在控制价格和时间表上则更为有效，同时可以保证质量。

造船厂的革新与学习曲线效率有助于大幅度地降低 WMSL–751 的建造费用（相比于首艘国家安全舰而言）。然而，后续的几艘巡逻舰“斯特拉顿”号和“哈密尔顿”号在二次设计中包括了结构增强功能的装置用以提高疲劳寿命，这就导致了其相对于前两艘巡逻舰而言成本上的增加。目前，“伯瑟夫”号和“维希”号上并不具有这些安装于 2012 年中期的功能增强设备，但是它们将在未来进行翻新。另外，由于合同被授予给了单一的承包商以及“斯特拉顿”号和“哈密尔顿”号交付时间中间出现了 3 年的延期，“哈密尔顿”号费用不得不随之增加。在 2012 年中期，国家安全舰项目

↓ 图为2006年9月在密西西比州帕斯卡古拉，首艘国家安全舰“伯瑟夫”号（WMSL–750）下水后的情景。由于厂商不断在获得着建造这类舰艇的经验，瑕疵以及建造成本都将进一步减少。（亨廷顿·英格尔斯公司）

的费用如下[17]：

- “伯瑟夫”号（WMSL-750）：成品 4.13 亿美元，长期投产项目物资：1.06 亿美元
- “维希”号（WMSL-751）：成品 3.74 亿美元，长期投产项目物资：0.64 亿美元
- “斯特拉顿”号（WMSL-752）：成品 4.23 亿美元，长期投产项目物资：0.73 亿美元
- “哈密尔顿”号（WMSL-753）：成品 4.8 亿美元，长期投产项目物资：1 亿美元
- “约书亚·詹姆斯”号（WMSL-754）：成品 4.82 亿美元，长期投产项目物资：0.896 亿美元
- 第六艘国家安全舰（WMSL-755）：长期投产项目物资：0.879 亿美元（2012 年中期成品价格还没有判定）

海试经验：相比较于美国近期的造船经验，前三艘国家安全舰在建造商海试以及接收海试中都显得完美无缺。并且，海岸警卫队船只建造团队能继续从前几艘该级别舰艇中汲取经验用以有效地降低该项目的成本。

在验收过程中，美国海军监察部（INSURV）开展了对“伯瑟夫”号以及它的系统的视察和调研来判定该船是否已满足交付的条件。美国海军监察部（INSURV）还观察并判断了承包商的设备是否与合同一致并且能够令人满意地运行。尽管在这过程中浮现出了许多问题，例如涉及机械控制以及监控系统的部分，美国海军监察部（INSURV）仍然得出了这样的一个结论：“‘伯瑟夫’号是独一无二的强力水上平台，它在未来服役中拥有巨大潜能。”

正如收购司令官助理——海军少将 Ronald Rábago 先生在 2010 年 3 月 11 日证实的那样，“我们将从‘伯瑟夫’号

建造过程中吸取经验和教训，并运用到第二艘国家安全舰‘维希’号的建造中去。我们将交付出一艘比首艘国家安全舰更高水平的完整的巡逻舰。”[18]“维希”号的验收试验之后，美国海军监察部（INSURV）的报告称其是一艘“非常完美且强力的巡逻舰”，可以达到甚至超越现有的所有期望。“相比于‘伯瑟夫’号，”Rábago继续说道，“二号舰海试卡的数量有着明显的减少。海试卡的作用在于提醒我们应该解决某项差异来保证巡逻舰能够达到合同的要求。在‘伯瑟夫’号拥有8张明显标记出的海试卡（这标志着主要的不符之处必须在交付之前被抑制或是纠正）的同时，‘维希’号仅有3张这种卡片。”进一步讲，“维希”号在交付之后两个月左右便被授予了运行分层网络的权利，而“伯瑟夫”号则是在交付之后一年才达到这个标准。这些积极的趋势在“斯特拉

↓ 图为2009年10月正在进行海试的“维希”号（WMSL-751）。（亨廷顿·英格尔斯公司）

顿”号身上也有所体现，具体的信息在表 1.2.2 中均已列出。

2011 年 8 月，“斯特拉顿”号进行了验收试验。在这过程中，它的各个部位所需的额外工作量要远少于前两艘国家安全舰。“稳定的技术需求的批准，有效的计划管理，美国海岸警卫队项目官员的尽心监管，以及造船商不断进步的表现，”詹姆斯 · 奈特上校，国家安全舰海湾海岸项目办公室指挥官强调说。[19]“我们只标记了其中的两张卡，验证工作必须在下个月初我们进行交付之前完成。从对比的角度来看，伯瑟夫有 8 张被标记的卡片而维希只有 3 张……‘斯特拉顿’号在海试过程中的表现毫无疑问地证明了我们将把一艘史无前例的军舰交付给更为优秀的船员。”

设计与生产的改变：尽管改变是必须的，但对于一艘新式战舰而言，这一举动仍然是不同寻常的。举个例子来讲，在海岸警卫队对国家安全舰从 2002 年到 2004 年的设计进行回顾与总结的时候，为了使其能够达到 30 年的预期寿命，专家们提出来多方面关于船体结构的担忧。事实上，问题的关键在于在服役生涯结束之前，国家安全舰的结构部件在高速运行中是否能够经受住疲劳损伤。考虑到军方可能希望延长其使用寿命，这一问题至关重要。根据美国海军和美国海岸警卫队的评估，海岸警卫队决定提升国家安全舰的疲劳耐力性来保证其基础结构可以达到它的预计使用期限。目前，为“斯特拉顿”号设计、用以兼容必须的结构性增强的工程

表1.2.2 “传奇”级验收试验趋势

美国海军监察部（INSURV）评估	第一艘国家安全舰“伯瑟夫”号	第二艘国家安全舰“维希”号	第三艘国家安全舰“斯特拉顿”号	提升（从第一艘到第三艘）
海试证总数	9289	7657	4905	47%
海试后公开证	4030	2166	2649	34%
明显标注证	8	3	2	75%
优先/安全证	78	54	41	47%

改变方法也在研发当中，并且它将被使用在新建造的巡逻舰上。如果时间允许，“伯瑟夫”号和“维希”号也将拥有量身定制的这项功能。

其他在最初设计上的改良还有对船尾下水和回收起重装置系统的变型，以及海上中转站的补给加强——其中包括了一个重新设计的补充注油区域，这对于全体船员而言将更有效率并且更加符合人体工程学的概念。海岸警卫队和造船厂还改进了燃气涡轮机的移动路径，这使得移动和修理燃气涡轮机组件变得更加容易了。

“我们在先前建造的经验和教训的基础上对“斯特拉顿”号进行了包括建造过程的效率、增强的性能以及改良后的定序等多种显著的改良，”迈克·杜图解释说。“我们十分注重经验教训的获取，我们经常扪心自问：我们怎样才可以更好地更有效地做这项工作？这个过程包括了这间船厂里所有的分工以及每一个生产部门——操作、工程、规划以及材料专家。”

最著名的工艺改进之一便是大幅减少“大型区域”（指在远离海岸的装配大厅堆放的多重部件）的数量来组装船体。国家安全舰所有的部分都是在海岸上建造并且完成舾装后被运到指定地点的，这使得早期舾装以及秘密测试工作能共同完成，等待时间随之大幅减少。“我们使用 32 块‘大型区域’来组装‘伯瑟夫’号，29 块‘大型区域’来组装‘维希’号，而现在仅需 14 块来组装‘斯特拉顿’号，”杜图如是说，“这使得每个‘大型区域’可在一个可控制的环境下进行更多的部件装配工作。相比于‘伯瑟夫’号而言，这将有效地减少建造时间。”

“造船厂和项目也都已经开始从任务和需求稳定性中获益，”杜图说。“事实上，需求并没有过多的变化——尽管在

‘9·11’事件之后环境确实发生了一些变化，这使得‘伯瑟夫’号以及后续军舰上配备了针对化学、生物、辐射、核威胁和强力爆炸装置（CBRNE）威胁的集合防卫系统（CPS）以及敏感信息隔离设施（SCIF）。此外，虽然关于船体强度及其对服役生涯的影响的担忧驱使着第三艘安全舰在设计上做出改变，但是这一设计在21世纪伊始便早已定型。从造船厂的角度来讲这是一件好事，因为他们可以利用这个稳定设计方案带来极高的效率。”

从这方面来看，需求量的稳定性也是至关重要的——因为它使得船厂能够安排一个紧密的生产时间表，在理想状况下几乎每年都可以生产一艘新船。“这一点在第一艘到第三艘国家安全舰上都没有体现出来，但是美国海岸警卫队关于第四艘国家安全舰的合同却为第五艘国家安全舰提供了一个选择，”杜图强调说。为了防止组装线生产、次级承包商以及材料购买行为速度过快，海岸警卫队的收购工作有个习惯——每隔几年都要为一艘巡逻舰颁奖。“我们能够平衡所有的事务——稳定的工作量、稳定的经费，以及在一致的不变的时间间隔内稳定生产出产品——这使得整个项目变得更加高效。”杜图这样说。“但是如果没有这样的稳定性，建造费用就不会像现在这样下降这么多。”

尽管或许难以获得更高的效率，国家安全舰在如今这样紧张的海事安全以及防御财政环境下已经算是比较划算的项目了。因为这个原因，2012年方针中不再为第7艘、第8艘安全舰提供资金这一决议大大出乎人们的预料。这一减少该项目25%船只的行为将从造船厂内部摧毁其学习曲线一样的效率，并推动接下来任何一艘国家安全舰价格的上涨。美国国会应该决定驳回这一决议。“我们为我们所做的感到骄傲，”杜图强调说，“我们已经拥有第4代、第5代造船家

751

图为“传奇”级国家安全舰第二艘——“维希”号（WMSL-751）——在2009年10月于墨西哥海湾进行海试的过程中航行的场景。总体上来讲，该级别战舰的验收试验进行得非常顺利。（亨廷顿·英格尔斯公司）

族，曾孙和孙女们都在为包括国家安全舰在内的多个项目工作。我们知道终有一天我们所建造的可能会带来灾难，我们不能对此掉以轻心。”

总结：哪种方式更好？

“经常有人问我为什么国家安全舰如此重要，”海军上将帕博在 2011 年 2 月国会证词中如是说。“答案非常简单。我们必须拥有可以满足美国安全和灾难应对需求的军舰，它必

须能节约时间，具有长距离航程并有极高耐久力。我们是国土安全部海上的手臂。我们必须拥有工具来完成美国人民对海岸警卫队所期望的事业。而这正是国家安全舰所提供给我们的：一种通用的适用性强的水上平台来全力支持我们的军事、海事以及多功能的能力。”因此，在美国海岸警卫队希望维持执行任务的卓越性、进行资本重组并重新拥有战力、为未来做好准备的计划面前，国家安全舰就是最关键的一环。

同时，国家安全舰也成为海岸警卫队为国家舰队做出的贡献中水面舰队部分的焦点。美国海军很可能被要求关注“传

← 由于首批三艘“传奇”级安全舰在操作性方面取得了巨大的成功，亨廷顿·英格尔斯工业公司对向海外市场出口武装量更大的“巡逻护卫舰”的计划寄予了极大希望。（亨廷顿·英格尔斯工业公司）

奇”级国家安全舰这一划算的护卫舰规模军舰，因为它足以肩负起对快速但有任务限定的濒海战斗舰（LCS）进行增补的角色和任务。同时美国全球海上合作伙伴对此的兴趣也大为增加。英格尔斯造船厂预测在接下来的20年里全球将会有215艘左右的护卫舰规模舰艇的需求——今后那灰色的油漆图案将布满所有的巡逻护卫舰。

尽管国家安全舰是最好的用于填补空白的选择，“应对计划”限定了海岸警卫队只能拥有6艘该型舰艇，并把填补这一空白的难题留到了未来。举个例子来说，海岸警卫队或许不得不在比计划更久的时间内使用4艘“汉密尔顿”WHEC级战舰——这简直是一个糟糕透顶的决定：4艘逐渐废弃、技术低下、维修代价极高的20世纪60年代船只仅仅能和两艘尖端技术的国家安全舰相媲美。任谁都不能理解这一计划。

美国最伟大的哲学家之一的尤吉·贝拉（Yogi Berra）这样劝告人们:“当你在路上见到了一个叉子,拾起它来！”[20] 2012年，美国海岸警卫队在它的路上遇到了许多这样的“叉子”，绝不仅仅是拥有最高优先权的“传奇”级国家安全舰未来的方向。尽管哈特菲尔德上校建议说，“甚至8艘国家安全舰都可能不够。”但是6艘很有可能将是美国愿意购买的全部安全舰了。

注释

[1] 其源头为成立于1790年的美国缉私船局（Revenue Cutter Service），该局从1915年开始组织其巡逻舰队。从2003年3月1日起，美国海岸警卫队成为美国国土安全局的组成部分。战争时期，它们将被转交至海军麾下。国家安全舰的设计对海岸警卫队而言是独一无二的，但是它却在大体上与其他舰队中的警用海上巡逻舰十分相似。

[2] 可以参考Christopher P Cavas先生在2012年2月24日版的《海军时

报》(斯普林菲尔德，加内特政府传媒，2012年)上的2 Cutters Removed from FY13 Coast Guard Budget一文。

[3] Maria Recio女士在2012年3月9日版的《太阳先驱报》[格尔夫波特，麦克拉齐(McClatchy)公司，2012年]上的Cochran Questions Coast Guard Budget一文中引证了该参议员的话。

[4] 可以参考战略管理主任的Safety, Security and Stewardship: 2011 DHS White Paper on the US Coast Guard一书(华盛顿特区，美国海岸警卫队，2011年)。其电子版可以在下面这个网站上找到：http://www.uscg.mil/strategy/docs/WP/DHS_CGWP.pdf。

[5] 如果想了解深水项目的背景，可以参考Ronald O' Rourke所著的Coast Guard Deepwater Acquisition Programs: Background, Oversight Issues, and Options for Congress(华盛顿特区，国会研究服务部，RL33753，2012年1月20日)。

[6] 可以参考The US Coast Guard of the 21st Century(华盛顿特区，美国海岸警卫队，2000年2月10日)以及Joint Interagency Task Force on Roles and Missions of the United States Coast Guard(华盛顿特区，交通运输部，2000年2月10日)。前者的电子版可以在下面这个网址上找到：http://www.uscg.mil/history/articles/21century.pdf。

[7] 海军上将Robert J Papp的Confronting New & Non- Traditional Challenges in the Age of Austerity(副本：华盛顿特区，战略和国际研究中心，2012年2月13日)第15页。

[8] 可以参考海军上将Robert J Papp在2011年2月22日版的Coast Guard Compass: Official Blog of the US Coast Guard上发表的Recapitalizing and Building Capacity: The National Security Cutters一文。或者可以在线查阅，网址如下：http://coastguard.dodlive.mil/index.php/2011/02/recapitalizing-and-building-capacity-the-national-security-cutters/#。

[9] 可以参考Philip Ewing所著的H-I Pitches "Patrol Frigate" as Cheaper Alternative to LCS以及他的Industry View: Why the Navy Needs a "Patrol Frigate"，这两篇文章都发表在2012年3月28日版的DoDBuzz-Online Defense & Acquisition Journal。可以在下面的网址上找到文章：http://www.dodbuzz.com/。

[10] 这些评论是从Prince上校的博客From the Bridge of the Bertholf: A Word from Commanding Officer上抄录下来的。该

文可见于2011年5月9日版的Coast Guard Compass。也可以参照2011年7月版Seapower（阿林顿，美国海军联盟，2011年）36～40页上的Prince上校的访谈录Full Speed Ahead: Underway in Alaska, Bertholf impresses Crew, Allies and Adversaries。

[11] 海军作战行动指挥官Michael G Mullen上将，以及海岸警卫队司令官Thomas H Collins上将合著的National Fleet: A Joint Navy/Coast Guard Policy Statement（华盛顿特区，海军/海岸警卫队部，2006年3月3日）第2页。

[12] 美国海岸警卫队采购指挥部（CG9）的Joe Vojvodich上校在2009年6月18日的美国造船工程师协会（ASNE）海军战争系统讨论会上简要地介绍了USCG National Security Cutter Combat System Architecture。

[13] 国家海上安全战略（2006年10月）中的海上作战威胁响应（MOTR）派遣国土安全部（DHS）和美国海岸警卫队作为领导机构负责其日常活动海域的海上封锁行动。

[14] 美国海岸警卫队指挥官David Ramassini所著的From the Bridge of the Bertholf: Northern Edge 2011，在2011年6月29日的《海岸警卫队指南针》上可以找到。

[15] Norman Polmar所著的第18版Ships and Aircraft of the US Fleet（安纳波利斯，海军学会出版社，2005年）第577页至579页。

[16] 在工业与应用研究员日，海军水面作战中心Carderock分部（NSWCCD）（代码985）的Ian Peek在美国海军研究办公室中简要地介绍了“现今海军的脱盐能力”—— BAA 11-010：证明先进的军舰脱盐体系的发展【未来海军的能力】（长滩，2011年3月31日）第18页。船员数据资料从Polmar处获得。对于DDG-1000，可以参考George V Galdorisi上校和Scott C Truver上校在2011年7月的美国海军学会的Proceedings杂志第26页上发表的From Minimal to Optimal（安纳波利斯，海军学会出版社，2011年）一文。

[17] WMSL750-755的费用数据资料是由收购指挥部项目分析员（CG925）Brian R Olexy提供的（2012年中期美国海岸警卫队总司令部）。

[18] 采购指挥官助理、海军少将Ronald Rabago的证词，取自在海岸警卫队和海上交通运输组委会之前的Coast Guard Acquisition

Status Update（2010年3月11日）第5页。

[19] James Knight上校的NSC Stratton Performs Exceptionally at Sea Trials一文可以在2011年8月18日版的Coast Guard Compass中找到。

[20] 编者注释：尤吉·贝拉（生于1925年5月12日）是一位卓有声望的前美国棒球队员和经理，他将他的大部分的运动生涯贡献给纽约洋基队。同时他还因为自己重复而且相互矛盾的妙语而出名，其中最为著名的一句应该是“这再一次地被预料到了”（It’s déjà vu all over again）。

1.3

“布伦瑞克”级轻型护卫舰

德国海军所急切期待的战舰

作者 盖伊·特雷曼斯

在过去的十年中，德国海军空前地成了国家外交和安全政策的重要手段。扩大后的新的任务范围以及由此引发的在地理上职责的增加对海军的能力提出了新要求，迫使德国海军就组织和装备这两方面做出重新定位。即将完成的K-130“布伦瑞克”级轻型护卫舰项目标志着德国海军在这一进程中迈出了十分重要的一步。

理念由来

冷战结束之后的这些年来，一个越来越清楚的事实是：德国海军装配有导弹的“老虎”（148型）级、“信天翁”（143B型）级以及“猎豹”（143A型）级巡逻快艇有限的任务执行

↓ 2007年9月，在交付给德国海军之前，制造商对德国K-130型轻型护卫舰首舰“布伦瑞克”号进行了航行试验。该项目的即将竣工标志着德国在从德国海军（Deutsche marine）武装力量结构向全球可部署水上舰队转变的过程中迈出了十分重要的一步。[德国蒂森克虏伯船舶系统公司（Thyssen Krupp Marine Systems，TKMS），Blohm+Voss船厂]

能力已经无法满足德国海军日益增长的需求。这些快速攻击艇最初是为在波罗的海执行军事任务而设计的，是冷战时期的德国舰队不可或缺的组成部分，其任务是防止华约成员国从海上袭击北约（NATO）的领土。因此它们是一个重要的反侵略组成部分。但是这些船有限的适航性以及较多的致使船员疲劳的因素使得它们的续航能力十分有限。虽然与此同时，这些巡逻快艇在监测任务方面仍然拥有着较高的价值。它们会被定期地部署到监管区域之外，举例来说，去参加2003 年在直布罗陀海峡举行的反恐巡逻，以及最近去支持联合国驻黎巴嫩南部临时部队（UNIFIL）MTF-448 海上特遣队（联合国驻黎巴嫩维和部署的海上组成部分）的行动。

如上所言，德国海军在 20 世纪 90 年代中期宣布了更换老化的 148 型和 143B 型快速攻击艇的计划，该计划一个重要的目的便是克服上述缺点。因此，它选择了购买更大的、生存能力更好的军舰，以获得更高的灵活性以及在较长时间内接受调度和维持状态的能力。这些船舰需要能够承担起日益增加的国内和国际任务，以满足整个欧洲膨胀了的期望，并且适应在海军的全部任务范围内进行全球军事行动的部署（除极地海洋之外）。德国海军不可避免地要求这些船舰具有

↓ 图为德国143A型快速攻击艇“佐贝尔”号被部署在地中海。K-130级轻型护卫舰旨在为执行本国海域以外的滨海地区的长期部署提供一种更加高效的方式。（德国海军）

比原有的快速攻击艇更优越的性能。这些性能包括：

- 执行全球范围内的任务时具有足够的稳定性。
- 适应在公海及沿海环境下执行持久行动。濒海水域内的监控和保护功能。
- 控制海上交通线（SLOC）的能力。
- 战术协调以及指挥作战团队。
- 在公海或近岸的区域击中水面目标及陆地目标。
- 能够参加危险行动。

分析这些需求后，官方发布了一份概念性设计，然而却远远超出了国防预算的费用限制。为了不超出预算，原先核心的“为需求而设计”的理念转变成了“依经费设计”的策略。这些特殊的建造原则的使用（包括“德国海军船舰建造规章制度”的应用）把预算保持在了最小程度。这种做法使创新的方案和节约的生产过程得到了更多关注。因此，公司可以在诸多技术方案中选择最好的方案。

合同与建造

该项目——也就是著名的轻型护卫舰 130（K-130）项

↓ K-130项目的合同最终被交给了由德国造船厂组成的ARGE K-130项目组。图为一份早期由美术师绘制的获胜设计的设计图。[德国蒂森克虏伯船舶系统公司（TKMS），Blohm+Voss船厂]

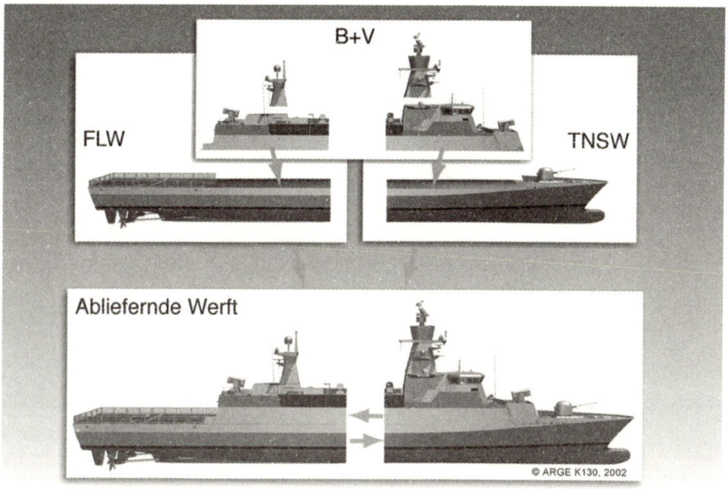

← 新型轻型护卫舰的建造工作被分派给ARGE K-130项目组内的不同造船厂——吕尔森造船厂（FLW），Blohm+Voss船厂（B&V）以及Nordseewerke船厂（TNSW）。其中每所造船厂分别建造相同的部分，正如图中所示。而每艘船的最终组装则是分配给负责它的交付工作的那一所造船厂。[来自德国蒂森克虏伯船舶系统公司（TKMS），Blohm+Voss船厂]

目的定义阶段始于 1998 年。竞标人受邀提出各自的创新方案以及生产过程，在有限的预算之内来满足海军的功能上的详细需求。两个竞标团队递交了计划书：ARGE K130 项目组（包括 Blohm+Voss 公司、Nordseewerke Emden 公司和 Friedrich Lürssen Werft 公司造船厂）以及霍瓦尔特－德意志造船厂（HDW）的 K-130 项目组。2000 年 7 月 17 日，德国国防部选择了 ARGE K-130 项目组作为他们的首选供应商。德国联邦国防技术与采购办公室（BWB）随后在 2001 年 12 月 13 日与该项目组签订了一份总额为 8.8 亿欧元（在当时的汇率下约为 10 亿美元）的建造合同，该合同包括了第一批共 5 艘船舰的建造。[1]

这份合同中不仅仅规定了 5 艘 K-130 轻型护卫舰的设计、生产和交付，它也包含了所有系统和装备的集合，还有战斗指挥系统（CDS）操作软件和信息处理系统的开发、改进、集成以及测试过程。船舰的细节设计开始于 2003 年 1 月。建造工程则分别在 ARGE 项目组下的三座造船厂内进行，每座造船厂负责建造这 5 艘轻型护卫舰相同的部分。不同的船舰最后的组装工作也被分配到不同的造船厂，最终的舾装工程也由交付特定的军舰造船厂负责完成。船头部分由 Nordseewerke 公司的埃姆登造船厂建造，船尾的部分由位于不来梅的吕尔森造船厂完成，而上层结构组织则由位于汉堡的 Blohm+Voss 造船厂负责。

该级别的第一艘轻型护卫舰被命名为“布伦瑞克”号，于 2004 年 7 月 19 日在 Blohm+Voss 造船厂开始建造。第二艘和第三艘则分别由吕尔森造船厂和蒂森克虏伯船舶系统公司（Thyssen Krupp Marine Systems，TKMS）于 2005 年年末前开始建造。接下来的第四艘和第五艘则于 2006 年分别在 Blohm+Voss 造船厂和吕尔森造船厂开始建造。表 1.3.1 提供了该级别的名单。

整体设计

表 1.3.2 概括了 K–130 级轻型护卫舰的主要特性。基于 Blohm+Voss 船厂的 MEKO A–100 的设计，K–130 级轻型护卫舰长 89.1 米、宽 13.3 米、吃水 3.4 米，满载排水量约为 1850 吨（还有 150 吨左右的提升空间）。这个规格几乎是被取代的原快速攻击艇的 4 倍。它的设计遵循了原来 MEKO

→该图拍摄的是2005年初汉堡Blohm & Voss造船厂内“布伦瑞克”号的建造现场。[德国蒂森克虏伯船舶系统公司（TKMS），Blohm+Voss船厂]

型战舰的设计原则。桅杆和武器都被作为模块进行布置，同时战斗信息中心（CIC）以及其他的关键设备区域以模块化基础体系为特色，使得在有限空间内安装完整的成套设备变得更加容易。

隐身特性：K-130级轻型护卫舰结合了雷达横截面面积（RCS）以及红外（IR）抑制研究的最新成果，它的一个主要设计特征便是所谓的“X”形的运用，即船体与上层结构以不同角度倾斜并且将船舰两侧部位细分。这样可以显著地减少和分散穿过船体整个高度和长度的雷达回波。这种避开在甲板上安装角型反射器和小型设备的做法无论在纵向还是横向上都有效地减弱了该船的雷达信号。

一艘船最强烈的热（红外）辐射源是其排气口、羽流以及被废气加热了的舰艇表面。在一个新型冷却系统的帮助下，轻型护卫舰的红外特性一直保持在绝对的最低水平。通过将海水注入排气管道系统、柴油推动机以及发电机，废气的温度可以从500℃冷却到60℃左右——这是空气冷却所无法完成的。排气口水平地排列在军舰的两侧，略高于吃水线，这有利于喷射气体形成水幕来进一步降低红外特征。这项新技术带来的一个额外的好处就是取消了烟囱设计，使甲板上下的武器和传感器布置更加合理。

为了降低噪声辐射并为安装由声呐支持的鱼雷防御系统创造必要的声学环境，相关的设

表1.3.1 K-130“布伦瑞克”级——级别名单

名称	舷号	龙骨铺设日期	下水日期[1]	服役时间	建造商[2]
布伦瑞克	F260	2004年7月19日[3]	2006年4月19日	2008年4月16日	汉堡，Blohm+Voss造船厂
马格德堡	F261	2005年5月19日	2006年9月6日	2008年9月22日	不来梅市，吕尔森造船厂
埃尔福特	F262	2005年9月22日	2007年3月29日	[计划于2012年]	埃姆登，Nordseewerke造船厂
瓦尔登堡	F263	2006年1月19日	2007年6月28日	[计划于2012年]	汉堡，Blohm+Voss造船厂
路德维希[4]	F264	2006年4月14日	2007年9月26日	[计划于2012年]	不来梅市，吕尔森造船厂

备注：1. 此处与命名典礼的日期有关，所以并不一定是实际技术上的下水日期。
2. 此处指最终负责组装的造船厂。ARGE K-130项目组的这三座造船厂为每艘轻型护卫舰建造了同样的部分，而最终的整体组装则是分配到不同的造船厂中的。
3. 此处指开始建造的船厂。
4. 全称为“路德维希港（Ludwigshafen am Rhein）”。

表1.3.2 “布伦瑞克”号的主要详情

建造信息：	
建造起始时间	2004年7月19日
下水时间	2006年4月19日
服役时间	2008年4月16日
建造商	汉堡的Blohm+Voss船厂。其中部分是在吕尔森造船厂以及Nordseewerke公司的埃姆登造船厂内完成的[1]
尺寸：	
排水量	满载排水量1850吨
整体尺寸	89.1米×13.3米×3.4米（最大为4.6米），前后垂直长度为82.8米
武器系统：	
导弹	2台萨博RBS15 Mk3地对地导弹发射器 2台用于RIM-116B滚体导弹的21单元“拉姆”（RAM） Mk49发射器
舰炮	一门梅莱拉公司76毫米口径紧密型舰炮。两门毛瑟MLG 27毫米口径舰炮。轻机枪若干
其他	该级别轻型护卫舰拥有布雷的能力
航空器	拥有能停下一架最大可至海王式大小的直升机的泊岸设施 最多可安置两架无人机（UAV）例如西贝公司的“坎姆考普特”（Camcopter）S-100无人直升机（UAV）
对抗系统	UL 5000K电子战系统。德国莱茵金属集团MASS诱饵发射器
主要传感器	1台EADS TRS-3D/16空中/陆地搜寻/目标锁定探测雷达，包括整体的敌我识别系统（IFF）。导航雷达
战斗系统	泰勒斯武器感官控制（SEWACO）综合通信系统，包括11号和16号数据链以及预备的22号数据链
推进系统：	
机械装置	柴油动力。2台额定功率为7.4MW的德国Tognum MTU20V 1163 TB93柴油机。2架带有交叉连接变速箱的轴系装置
速度和里程	设计的最大航行速度为26节。15节航速下可航行4000海里以上
其他细节：	
补充	核心船员为58名，包括8名军官。可为65人提供住宿。
级别	该级别的轻型护卫舰共有5艘：“布伦瑞克”号、“马格德堡”号、“埃尔福特”号、“瓦尔登堡”号、“路德 维希港”号

备注： 1. Blohm+Voss船厂和Nordseewerke公司都属于蒂森克虏伯集团，2005年霍瓦尔特-德意志造船厂（HDW）被它收购之后，它们共同组成了德国蒂森克虏伯船舶系统公司（TKMS）。部门结构都进行了重组，只有Blohm+Voss船厂（海军军舰的系统企业）和潜艇建造商HDW仍保持在蒂森克虏伯公司名下。

“布伦瑞克”号（2011）

比例 1:500

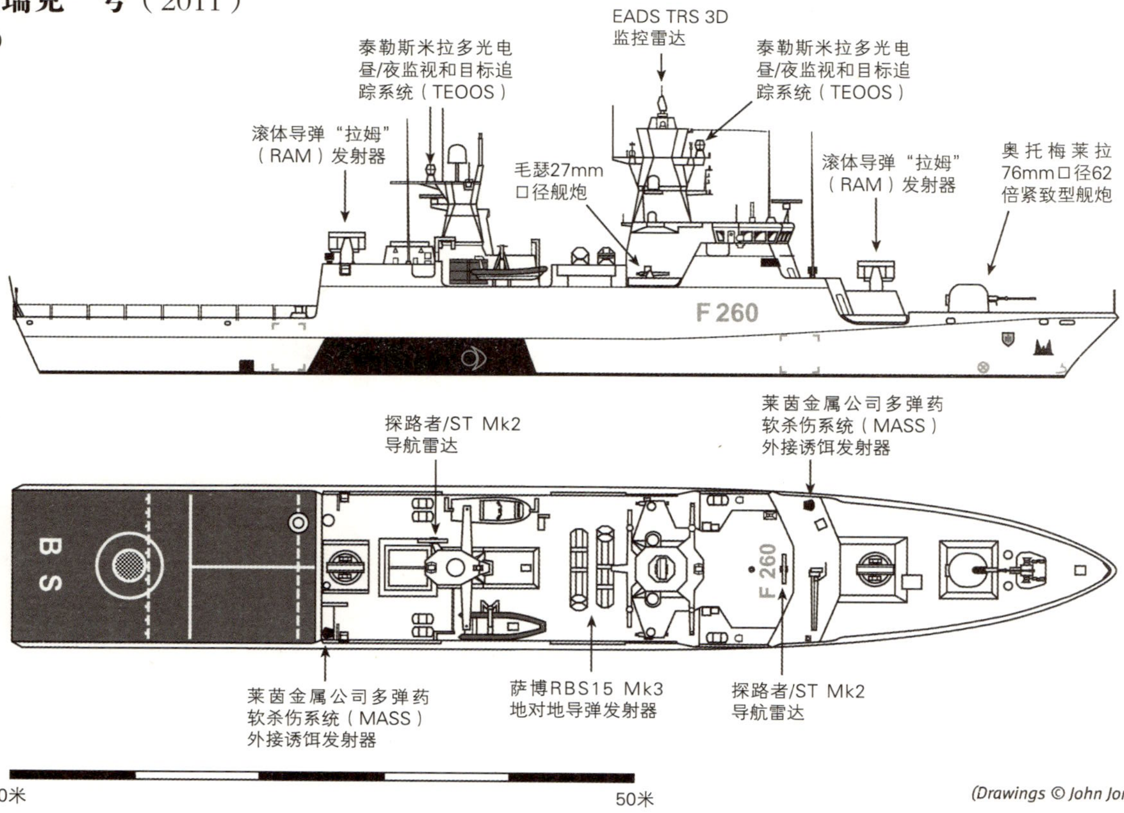

(Drawings © John Jordan, 2012)

备都经过了彻底防震处理并且几乎都是抗震的。这些护卫舰还安装了消磁系统来产生镜磁场，以减少磁性水雷的威胁。

生存性能：这些轻型护卫舰都被划分为 12 个防水气密区域。舰内没有安装双层隔板，但活跃的损伤限制设施仍需要得到重点关注。为了预防产生重大损害，这艘军舰被划分为两个具备自给自足的通风设备的损害控制区。两个配有综合净化站的气闸室提供了在核生化（NBC）条件下进入甲板区域的通道。引擎室装备有集成后的模块化压缩空气装置，可以提供独立的高压氧气输出以避免污染气体的进入。从通风设备上看，厨房和医务室都是非常完备的。甲板上层有一个喷雾系统，可以在甲板上铺设水层，避免军舰与核生化（NBC）制剂的长期接触。

核心设施的分布也提高了轻型护卫舰的生存性能——战斗信息中心（CIC）、通信室以及工作平台 / 机械控制室遍布整艘军舰。K–130 型战舰的设计者也将严格的环境保护条例考虑在内，结合了最先进的废水加工与处理技术。此外，两个反渗透设备每天可生产 4.8 立方米的淡水。

→图为K–130级轻型护卫舰的“X”形设计的示意图。这种设计使得船体与内部结构以不同的角度倾斜从而减小雷达散射截面。[德国蒂森克虏伯船舶系统公司（TKMS），Blohm+Voss船厂]

适航性与单船作业：“布伦瑞克”级轻型护卫舰的一个显著的特征是它们出色的适航性与操纵灵敏性。这些轻型护卫舰能在狂涛和强风条件下保持十分稳定的运行状态，可以较好地进行转向与加速。细长的球鼻艏赋予了它们更快的航行速度并且减少了燃料的消耗。然而，海试过程中发现“布伦瑞克”号大量上层结构和较小吃水深度的结合意味着这些轻型护卫舰在低速航行时会出现快速漂流的现象，这使得停泊变得十分困难。随后，德国海军决定在 5 艘轻型护卫舰上都加装一个船首推进器。

由于设计目标之一是使战舰实现在 5 级海况条件下仍保持全面运行的能力，这些轻型护卫舰上都装载了两个半平衡舵和一个舵减摇系统（RRS）。这个系统最初在“萨克森”级（F–124 型）护卫舰上也有所使用。舵减摇系统（RRS）的原理是将船舶的航向和方向舵的抑制信号结合为方向舵的控制信号。在巡航速度约为 20 节的情况下使用 20 度左右的舵转动幅度和最大的许可转舵速度（即最小值 2.4 度 /s 的 8 至 10 倍）可以很好地弥补船舶的摇晃和偏航运动，使得这一级别的护卫舰具有空前的稳定性。

K–130 级轻型护卫舰的船尾部分主要是一个 24 米长的飞行甲板。由于尺寸上的限制（24 米 ×12.6 米），它被设计成了一个多功能甲板，装有跟潜艇很相像的可缩进式系船柱，以保证区域的干净整洁。然而，该护卫舰的规格和强度仍然可以允许一个重达 12.5 吨的中型直升机在其上操作，例如新型的 NH–90 直升机。此外，战舰上还能进行无人机（UAV）的操作，如奥地利西贝公司的“坎姆考普特”（Camcopter）无人直升机（UAV）就可以被调用来进行空中侦察和超视距瞄准。无人机可以停放在面积为 53 平方米的机库内。除了机动救生艇，该轻型护卫舰还添加了一艘 7 米长的硬壳充气

→2006年4月19日，德国第一艘K-130级轻型护卫舰“布伦瑞克”号在Blohm+Voss船厂中举行命名仪式。这个细长的球鼻艏在确保更快速度航行的同时也减少了燃料的消耗。[德国蒂森克虏伯船舶系统公司（TKMS），Blohm+Voss船厂]

艇（RHIB），使用时需借助于装有充气装置的起重机。

武器装备

“布伦瑞克”级轻型护卫舰上装备有一套高度自动化的武器与防御系统，因此它可以进行反水面舰艇战斗（ASuW）以及防空作战（AAW）。它们在抵御陆基导弹、海上导弹以及航空器或直升机的攻击时拥有出色的自我防御能力。而反潜作战能力（ASW）则相对受限。

这些轻型护卫舰主要的反水面舰艇战斗（ASuW）能力是由四发萨博－博福斯动力公司生产的RBS15 Mk3地对地导弹所提供的。这些导弹的射程都超过200千米，足以击中海上或陆上的中长距离目标。作为真正的“发射后不必再管”的掠海巡航导弹，RBS15 Mk3内部装载有一个主动式雷达导引头、一个全数字化的自动驾驶仪以及GPS导航仪，同时也使用了先进的导弹攻击规划系统。灵活的、发射前可进

↓ 这张照片拍摄于2011年9月，展示了“马格德堡”号的船尾部分。从图中可以很清楚地看到大型的飞行甲板以及用于隐身的倾斜的船体和上层结构组成的“X”形。略高于吃水线的排气口能够喷射气体产生水幕使军舰降低红外特征。（Guy Toremans）

该图为“布伦瑞克”号在海面上的清晰鸟瞰图，摄于2008年7月，此时它刚进入德国海军服役。设计的模块化特性以及对整体隐身性能的关注在该舰上是显而易见的。同时我们也要注意到船体上没有烟囱，这要归功于吃水线附近的排气口，使得甲板上的设备布置更加合理。一架产自奥地利西贝公司的“坎姆考普特”（Camcopter）无人直升机（UAV）正在宽阔的飞行甲板上进行测试。（德国海军）

F 260

→2011年8月的着陆测试中，德国海军的一架“山猫”（Lynx）直升机降落在“马格德堡”号上。宽阔的飞行甲板足以让诸如“海王”式直升机着陆但飞机库却只能容纳较小的无人机（UAV）。（德国海军）

行编程控制的 Ku 波段探测器在面对多重选择的时候可以智能选择优先目标，并且据说拥有出众的电子对抗措施，运用干扰自动跟踪或箔条识别设备进行软杀伤型防御。这些导弹的最大速度超过了 0.8 马赫，并且在终端阶段可进行高度为 1 米的低空飞行。将这种低空飞行的能力与一系列的规避机动措施相结合可以使警报时间最小化并且迷惑敌军的防御。一次大型 200 千克的烈性炸药（HE）的爆炸以及预先分离的弹头足以对大型水面战舰规模的舰艇造成严重的破坏。[2]

一门梅莱拉公司 76 毫米口径 /62 紧密型舰炮为该舰提供了瞄准陆地目标和轰击海岸的能力。这门 7.5 吨的加农炮

→K-130级轻型护卫舰上有两座毛瑟MLG 27毫米口径加农炮，可以对不对称的威胁（如快艇和浮动水雷）进行近程防御。这幅图显示的是“布伦瑞克”号上的一座加农炮。（康拉德·沃特斯）

拥有每分钟 10 ~ 75 发的发射速度并且它在标准弹药状态下射程为 8.6 海里，增程状态下射程为 10.8 海里。它可以发射使用烈性炸药并能预先成型的多功能半穿甲型奥托（Oto）弹药（该炮弹的射程也得到了延伸）。

在自我防御方面，K–130 系列的每艘舰艇都配备了两门莱茵金属特克公司生产的 Mauser MLG 27 毫米口径舰炮。它们被设计为远程控制且具备双轴稳压装置的全自动武器，可进行横向 +/–170 度以及纵向 –15 度到 +60 度转动。这些都显著地提高了舰艇在恐怖袭击下的自我防御能力，并且与维和行动有着特殊的关联。在战斗信息中心（CIC）中有一个专用的舰炮控制面板和监控器，用来显示传感器捕获的所有信息。这台 800 千克左右的装备拥有一个自动目标追踪模式，其原理是将日光或红外相机与一个对人眼无伤害的高频激光测距仪相结合。这门舰炮拥有 90 发的预发射弹药容量（或可选择为 135 发），重新装弹要之前可支持 8 次交火（或可选择为 12 次）——每次可引起 11 发弹药的爆炸。炮弹的射击速率为每分钟 200 发到 1700 发，能够确保准确高效地打击空中、岸上及水面目标（包括快速袭来的攻击艇甚至是浮动水雷）。通用的脱壳穿甲弹（FAPDS）在

←在“马格德堡”号的正视图中可以看到76毫米口径的梅莱拉公司紧密型舰炮以及前面的Mk49滚体导弹“拉姆”（RAM）发射器。它们是“马格德堡”号上的重要武器。（Guy Toremans）

高射击速率以及平滑的运行轨迹的条件下能够延长其攻击距离。其射击里程在攻击航空器或者轻型水面目标时为 2.5 千米，而在攻击较大的水面舰艇或者沿岸目标时可达 4 千米。

“布伦瑞克”级轻型护卫舰主要的防空作战（AAW）能力仅限于两台由美国雷神公司和德国 RAMSYS 公司联合生产的 21 单元 MK-49 滚体导弹“拉姆”(RAM) 发射器，可发射 RIM-116B 射频 / 红外（RF/IR）Block 1A 型导弹。RAM 最初主要是用于对来袭导弹的防御，但是升级了的 Block 1A 型导弹可以与直升机、空中目标及水面目标近距离交火。目前，发射器被安装在舰首及舰尾处，不过未来舰尾的发射器可能将被替换为鱼雷防御系统。

↓ 图为“布伦瑞克”号武器密集的中央部分，其中包括了两台萨博 RBS15 Mk3导弹发射器——它们是战舰主要的攻击武器。（康拉德·沃特斯）

K-130 系列并没有反潜系列武器，不过舰载的 NH-90 或“超级山猫”(Super Lynx) 直升机可以为其提供反潜作战（ASW）的能力。具有代表性的奥地利西贝公司生产的“坎姆考普特”(Camcopter) 无人直升机（UAV）可以在 25 千克的有效载荷状态下航行 6 小时，其最大有效载荷为 50 千克，并且已经与英国泰勒斯公司的轻型多功能导弹一同经过了测试。其 55hp 旋缸发动机可以提供 120 节的短程冲刺速度。

K-130 级轻型护卫舰还具有两台莱茵公司的多弹药软杀伤系统（MASS）发射器，可发射雷达及红外（IR）诱饵。这个隐身的、完全可训练的、坚固的轻型碳纤维箔片发射系统是唯一一个可以产生舰艇型诱饵和进行全船屏蔽的自卫系统。MASS 系统的每台发射器都具有 32 发完全相同的频谱分析弹药，无论是在紫外线、光电、红外线、雷达还是激光光谱的条件下都十分有效。

传感器装备

K–130 级轻型护卫舰主要的传感器是在物理上稳定的 EADS TRS–3D/16 空中 / 水面监控雷达 [同时装备有综合敌我识别（IFF）MSSR/STR 2000i 系统]，用以侦查、识别以及追踪目标。该雷达在 4000 ～ 5000MHz 的 G 波段（美国标准为 C 波段）上运行，沿海位置效果更佳，可以同时处理超过 400 个的空中及水面目标。

海洋监控能力由两台泰勒斯米拉多光电传感器提供，每台传感器都装配有两部用于短程或远程摄像的电视摄像机、一部红外（IR）摄像机和一台激光测距仪。米拉多光电日 / 夜间监视与目标追踪系统（TEOOS）传感器能够自动独立进行三维目标获取与追踪。它的作用是在白天、黑夜或是能见度很低的情况下协助船员进行勘察、观测和识别水面及空中目标。由于米拉多传感器具有自动追踪目标的能力，它们也可以被用于进行火力控制。

K–130 级轻型护卫舰具有十分先进的导航设备（包括两台探路者 /ST Mk2 导航雷达）来确保航行安全和对近距离水面目标的探测。将自动雷达标绘仪增加到雷达中意味着它们也能用于近距离探测直升机并且在直升机想要登舰时予以援助。其他的导航设备包括了一个电子海图系统、一个天气卫星系统、一个自动部署系统以及一个自动识别系统（AIS）。

航海数据通过两个总线接口部件直接传输至 CMS 系统中。该系统包含一台导航计算机来确保百分百的数据冗余，以防出现故障或战斗损伤。

UL 5000K 电子对抗系统由电子对抗措施和电子支持措施两个模块组成。该系统可以利用强烈的干扰信号来蒙蔽敌方雷达，特别是搜索来袭导弹的雷达，并能探测与识别电子发射源。它还能生成被动形势图。通过系统中已记录的所有已知辐射源的庞大数据库，敌方辐射源可被快速锁定。

↓ “马格德堡”号前桅的近景。从中可以看到拥有监视与指示目标功能的EADS TRS-3D/16雷达。它的正下方是战舰上两台米拉多光电日/夜间监视与目标追踪系统（TEOOS）传感器的其中一台，能够实现水面监控和火力控制。（Guy Toremans）

战斗信息中心（CIC）

在 ET 海事系统公司（EADS 和泰勒斯荷兰公司的一个联合公司）负责下，K-130 型战舰设计引入了一个新型操作中心。德国海军军舰首次实现了战斗信息中心（CIC）在正常照明条件下的运行。为了做到这一点，我们需要一个特殊的照明方法，以适应无眩光监控器。控制台的颜色是一种令人舒适的、与奶油色混合在一起的可丽耐土耳其蓝色。

模块化的战斗指挥系统（CDS）是在新一代战舰中越来越流行的分散式计算机部署的一个典范。舰上一共有 7 个多用途控制台，每个控制台都有两个 21 英寸的大型日间监控器。这些控制台得到了许多其他设备的支持，例如 4 个辅助工作站控制台、一个通知汇报和显示状态信息的大屏幕、许多专门执行电子战争和 27 毫米舰炮操作等特殊任务的控制台。水平显示的布局是为了给每个控制台的操作员提供自由不受妨碍的视角。若战斗信息中心（CIC）出现了故障，船桥上的多功能控制台则能够确保军舰上所有武器的继续运作。

战斗与平台管理系统

这个集成的战斗指挥系统是先前安装在 F-124“萨克森”级护卫舰上的泰勒斯荷兰海事公司研发的武器感官控制（SEWACO）系统的缩小版，并将原先的软件与新开发的软件结合到了一起。该系统能够同时追踪 1200 个目标。传感器和武器可以连接形成功能链，并且自动运行。[3] 另外，通信通路（例如 11 号数据链和 16 号数据链）使得军舰之间能够进行目标数据的交换。11 号数据链和 16 号数据链通过北约（NATO）的海上指控信息系统（MCCIS）获取的信息还为绘制世界范围内的形势图做好了准备。还有，关于航空港、飞机航行路线、船舰型号以及地理特征等的数据都可以在线获取并用于战术评估。K-130 级轻型护卫舰有可能在适当的时候进行升级至使用 22 号数据链。

K-130 系列战斗指挥系统（CDS）的一个重要特点就是与平台管理系统相结合来拥有对舰艇进行整体控制的能力。所有的监控与控制系统的信息都可以呈现在战斗指挥系统（CDS）的工作站上，以便操作人员时刻了解系统状态，这对他们来说是十分重要的。经确认，目前该舰正在向战备状态过渡，全自动序列已经开启并带来众多改变。举例而言，所有发电机在它的作用下进入了联机状态；诸如主要的消防系统之类的损伤控制辅助设施也均已启动。为了防止整个战斗指挥系统（CDS）的关键部位受损，战斗指挥系统（CDS）的操作员可以将修复优先权分配给不同的设备，而后通过损伤控制的功能而来派遣必要的修复小组。

综合监控与控制系统（IMCS）：K–130级轻型护卫舰上装备有一个L–3 MAPPS综合监控与控制系统（IMCS），该系统是依照该级别轻型护卫舰的特殊需求而“量身订制”的。它的分散、开放式结构特性与“萨克森”级护卫舰上所使用的系统一致，提供了大范围的用户接口使船员可以监测并且控制这艘舰的推进装置、电子系统、空气调节装置、闭合状态以及损害控制设施。舰上约有7000个与综合监控与控制系统（IMCS）相连的独立信号，其中只有2500个为电路信号。剩下的4500个则通过数据链与舰上不同机器的局部控制器相连。所有系统组成部分共享一个公共数据库，这个数据库会根据传感器的数据或操作员进程的变化进行不断更新。前24小时内的短期数据存储可从每个控制台获取，而长期数据则是存储在由USB端口连接的可移动存储设备上。舰上分布了约7000个不同的传感器，为数据获取与控制提供了一条灵活、高效的途径。

综合监控与控制系统（IMCS）的控制台都装备有大型监控器、键盘以及轨迹球，控制和操作环境舒适。控制台上也有诸如杯架和物品存储区这样的小细节。高分辨率的彩色LCD监控器显示了符合人体工学的设计的平台内机器以及系统的图像。绘制的甲板布置图选择性地呈现了所有重要的系统、技术设备、管道和电缆路线。这个系统将所有重要事件的相关状态，例如温度传感器或水传感器的激活，转化为屏幕上的过程图像。任何一处多功能控制台的操作模式都有多种选择用以满足不同船员不同既定任务的操作需求——这在共享任务工作的组织和创建方面展现了很高的灵活性。

为了支持人员削减行动，综合监控与控制系统（IMCS）配置了一个综合闭路式数字电视系统，内有超过 12 个基于网络的彩色 CCD 摄像机。它可以提供整艘舰的机械空间及其他位置的监控录像。这些摄像机通过独立的网络与平台管理系统控制台相连接，因此显示屏能够将影像资料全屏呈现出来。为了达到更好的灵活性，每一部摄像机都可以在任何一座控制台上播放。一个细致的警报处理子系统（起火或水淹警报）可以使相关的影像资料在特定的控制台上进行自动播放。

综合监控与控制系统（IMCS）设计中的内置冗余和一个蓄电池备用电源供应器确保了较高的容错能力。所有的工作站都使用相同的数据库并且相互之间连续保持同步。将多艘舰艇的控制系统相互连接或与海边的工作站连接是该舰一个独一无二的功能。因此只要在一个机械控制室内有操控人员即可，其他船舰上的船员完全可以去执行另外的任务。综合监控与控制系统（IMCS）还包括了一个舰载训练系统，使培训活动通过一个或多个控制台在任何时间均可进行。该

↓ 一张K-130级轻型护卫舰上战斗信息中心早期的图片，包括用于控制与军舰作战的双屏幕多功能控制台。还有一张展现了设计理念在“马格德堡”号上得以实现的情况。K-130级轻型护卫舰是德国第一艘能够在正常照明条件下运行战斗信息中心的军舰。[德国蒂森克虏伯船舶系统公司（TKMS），Blohm+Voss船厂/Guy Toremans]

系统可模拟任何潜在故障或损害的情况。德国海军的要求之一便是该系统能够在 1 秒钟之内完成从训练模式到现实模式的转换。

综合船桥系统（IBS）：轻型护卫舰上另一个特色便是雷声公司体现符合人体工学设计的综合船桥系统（IBS）[被分包给雷神安舒茨（Anschütz）公司]。这个理念建立在现代商用船只上仅容一人的船桥之上，做了创新的设计并提高了其实现多种不同舾装方式的潜能。K–130 的综合船桥系统（IBS）有 3 个工作站：一个由值勤船员专用；一个由舵手使用；第三个位于船的左舷，作为通用工作站。高度的自动化使得这艘船可仅由一名值勤人员操作，当船桥上只有 3 名船员时依然能够正常进行运输巡航。除了导航数据，工程控制信息和完整的海军战术数据情况图也能显示在系统屏幕上。

综合战损控制系统（IBDCS）：综合战损控制系统（IBDCS）是该平台管理系统的一个组成部分。它为操作人员快速判断船只的紧急情况或人员伤亡情况提供了一个图像界面。它能够记录、处理并且向损伤控制小组汇报详细的信息，并且每个损害控制站的任意一个控制台均能检索到这些操作信息。该系统将信息以二维覆盖图的形式呈现在总布置图上，还有辅助窗口可以提供另外的图像和数据。通过增加放大系数，船员可以观察到诸如房间人数或部门标识之类的详细信息。除此之外，系统能够模拟任何可能的问题或损害场景以供船员进行训练。

在线“死亡卡”系统是一个深入的损伤控制机制，它的运用可以帮助船员做出决定并且指出可能的矫正措施。这些卡片提供了舰上所有系统、设备、材料、切断装置和阀门的详细信息，并且可以显示所有在选定的隔间或船舱内运作的机械或电子系统的列表。

“布伦瑞克”号及其姊妹舰关于检测和处理火源、烟雾和进水等情况的基本安全理念，是建立在隔离受损房间并且为相关设施提供更多控制的方式之上的。如此，战舰可将烟雾、发热的任何潜在的扩散风险降至最低。[4] 这使得只有很少的隔间会因此受到某种危险较大影响，而其他的隔间——包括其通风设备——都可以保持完好无损。为了提高舰艇的生存性能，电子设备、室内通风装置以及灭火系统等重要系统都经过精心布置以使隔间之间具有较高的独立性。考虑到 K–130 级轻型护卫舰船员规模较小，负责损伤控制的军官需要借助于平台管理系统尽可能高效地提供关于损伤情况的综合图片。损伤控制通常由机械控制室（这里可以操作所有的关键系统）在位于舰上其他位置的综合监控与控制系统（IMCS）分站控制台的支持下指挥进行。

综合通信系统（ICS）：这个由欧洲宇航防务集团（EADS）提供的综合通信系统（ICS）保证了外部和内部通信的安全与效率。在外部通讯方面，K–130 级轻型护卫舰可以在甚低频

↓ 图中为“马格德堡”号的机械控制室，其中有为L–3 MAPPS综合监控与控制系统（IMCS）配备的一系列重要显示屏。（Guy Toremans）

→右侧几幅图为K-130级的第二艘轻型护卫舰“马格德堡”号在2011年Danex北部海岸演习中从一个海上补给船舰队旁驶过的场景。这是该级别轻型护卫舰首次参加国际海军演习。这艘军舰高度自动化的综合船桥系统（IBS）促进了这样的（远距离）调动。（Guy Toremans）

(VLF)、低频（LF)、中频（MF)、高频（HF)、甚高频（VHF）以及特高频（UHF）波段内进行通信。另外，K-13 还增加了特高频（UHF）军用卫星通信系统、国际移动卫星组织“B”和“M”型商业系统，并与能够联系岸上陆军的德国陆军无线电连通。如果需要的话，战舰上还可以加装一个超高频（SHF）卫星通信系统。内部通信系统的核心是一个共有 48 个接口的数字化通信网络，通过公共地址或无线电电话系统来进行舰上的通信。这个软件可以通过一个与综合监控与控制系统（IMCS）相连的接口对输入的信息进行自动评估和分配，大量的军舰系统数据可以被传输至战斗指挥系统（CDS）并且得到评估。这种现代化的通信系统使得 K-130 级轻型护卫舰可以作为指挥平台使用，例如，可以将其用于国内或国际上的扫雷行动或将其部署到快速巡逻舰任务组中。

适居性

K-130 级轻型护卫舰最多可容纳 65 人。然而，政策要求仅 58 名船员就应该能够进行持续的操作。这些军舰仅拥有 7 个剩余的铺位，只能够搭载较少的工作人员，但承担着快速攻击艇或扫雷艇任务组指挥舰的责任。针对这种用途，

↓ K-130级轻型护卫舰的综合船桥系统（IBS）建立在商业上的“精简人力模式”之上，运输过程中船桥上仅需3名船员便可进行操作。正如上面的效果图与真实场景中所示，舰上一共有3个主要的工作站。[德国蒂森克虏伯船舶系统公司（TKMS），Blohm+Voss船厂/Guy Toremans]

这些轻型护卫舰都设有一个“需要但不使用”(for-but-not-with)的规划办公室。

保证船员们在高强度工作环境能够正常工作对这些军舰的适居性提出了较高的要求。据说它们提供了接近邮轮级别的住宿条件，6 人间已经是最为“拥挤”的船舱了。普通船员住 4 人间或 6 人间，离洗手间和盥洗室很近。上士和士官住带有私人盥洗室和淋浴间的两人或四人间，而军官住带有私人盥洗室的两人间。指挥官拥有自己独立的生活 / 办公的空间、卧室及私人浴室。每位船员的铺位下都有自己的衣物箱和储物箱，同时每个船舱都有一个写字台和坐的地方这。种住宿条件也满足了男女混住的情况。主要的住宿区域位于舰的前部。家具、墙板以和天花板系统都很轻但是具有高度的抗震性，且便于移动和重新安装，并具有很好的隔音性和很高的耐用度。餐厅具有多项功能且紧邻舰上的厨房。通过移动房间隔板，军官与上士的餐厅可以变成一个统一的大餐厅，也可作为作战指示或报告的地方。

↓ 图为“马格德堡”号损伤控制区（共两个）的损伤控制岗，每个岗都装配有能够自给自足的通风设备。这个控制台与综合战斗损伤控制系统（IBDCS）相连。（Guy Toremans）

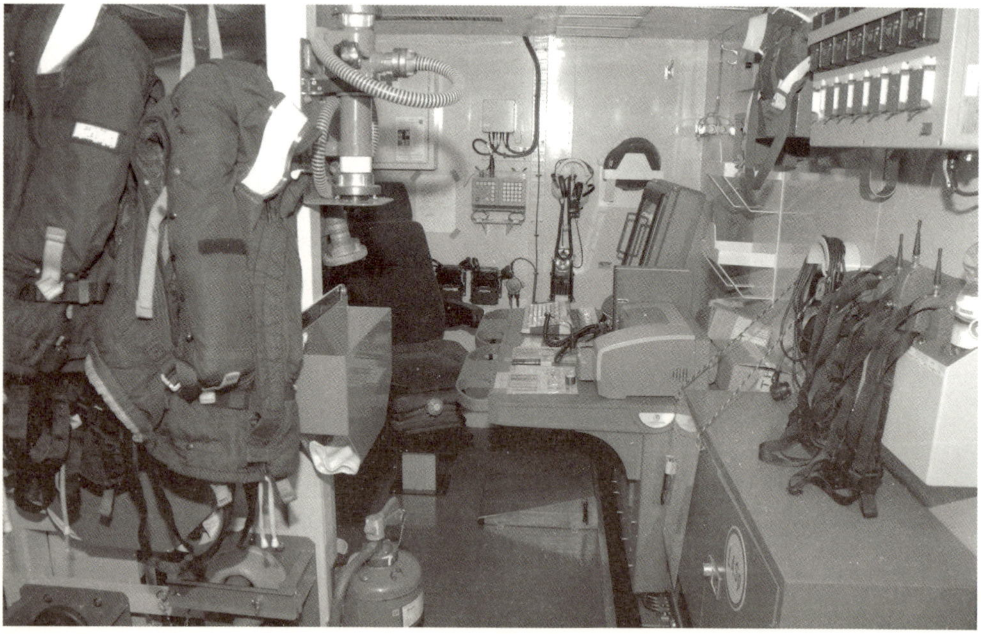

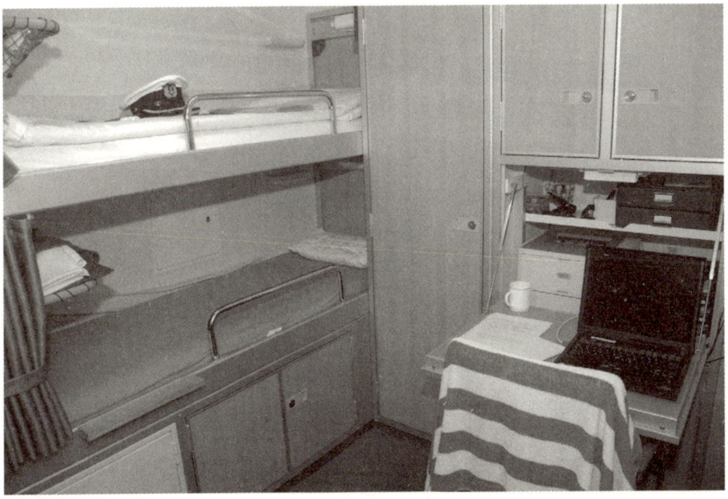

← 图中为“马格德堡号”上的一个军官的房间，这表明了该级别护卫舰尽管规模不大却有着很好的住宿条件。（Guy Toremans）

推进系统

推进装置由两台德国 Tognum MTU 20V 1163 TB93 柴油发动机组成，每一台都有自己的轴线并且控制着定螺距螺旋桨。这两台功率为 7.4 兆瓦的水冷 20 缸四冲程柴油发动机通过一个交叉互联的变速箱可输出功率 14.8 兆瓦，因而可以实现最高 26 节的航速。航速为 15 节时，军舰可航行 4100 海里。在单轴推动下，这些轻型护卫舰的巡航速度可达 20 节。这些变速箱都装配有独立可编程的逻辑控制系统用以实现对所有变速箱进行监控和安全维护的功能。即使在整个综合监控与控制系统（IMCS）崩溃的情况下，独立的局部控制站依然可以控制和监测主要的机器。主要的电力供应系统是由 4 台发电机组成，每台发电机通过两块配电板可输出的功率为 570 千瓦。这些就实现了百分之百的冗余水平。对电气设备的控制和监测几乎是全自动的，这使得无论是人为需要还是自动进程都能有足够数量的发动机可供使用。燃料与供应需求量经过计算后可保证该舰艇在没有任何供给补充下能够在海上维持至少 7 天。若有供给补充，那么一艘 K–130 级轻型护卫舰能够在海上维持 21 天。两个补给站可以在舰艇的侧面或尾部为军舰提供燃料和淡水。

K-130级轻型护卫舰积累的运行经验

FGS“布伦瑞克”号（F 260）：K-130 级轻型护卫舰的首舰“布伦瑞克”号于 2008 年 4 月 16 日开始服役。作为该级别的首舰，“布伦瑞克”号在交付后进行了大量的测试，尤其是在整合与海试阶段暴露出了很多必须解决的技术问题与隐患。因此，它在无水的船坞又待了一段时间并且经过了更多的海试。2008 年 5 月，这艘轻型护卫舰被调至地中海参加由意大利海军发起的“Mare Aperto 2008”多国海上军事演习。随后它在红海进行了暖水区海试。回国后它又立即

→图中，2007年秋季，“布伦瑞克”号在海上航行以进行推进系统测试。舰上的带有交叉互联变速箱的双柴油机双轴装置可以提供26节以上的航速，并且在节能速度下可以航行4000海里以上。[德国蒂森克虏伯船舶系统公司（TKMS），Blohm+Voss船厂]

开始进行西贝公司 S–100“坎姆考普特”（Camcopter）无人直升机（UAV）的测试。

同时，在一次与“奥尔登堡”号（该级别第 4 艘下水的轻型护卫舰）共同进行的海试中，“布伦瑞克”号传动系统出现了严重的问题。变速箱的螺丝松动并且落入齿轮中，造成了材料损伤。造船厂、转包商、德国联邦国防技术与采购办公室、德国国防部和德国海军在鉴定和解决这个具有挑战性的问题的过程中都付出了很多努力。由瑞士的马格（MAAG）公司生产的变速箱代表着瑞士赫赫有名的精密加工水准。然而，它们在早期海试中也有一些并不明显的瑕疵，运行了一段时间之后才显现出来。最后，德国海军决定移除该级别所有军舰上的变速箱，该级别轻型护卫舰被强制暂停运行，直到改进工作全部完成。另一个在早期运行中发现的问题是战斗信息中心（CIC）在发射“拉姆”（RAM）导弹时遇到的校准问题——导弹总会在接近目标后发生抖动。这个问题在 2012 年年初合同详细说明书修订之后才得到解决。

“布伦瑞克”号现在又重新开始了它的测试过程，并且于 2012 年年初夏重新被调至地中海进行第二次暖水区海试，之后在北海进行“拉姆”（RAM）系统的实弹射击测试。夏天过后，它参加了 2012 年 Danex 北部海岸军事演习（2012 年 8 月 31 日至 2012 年 9 月 14 日）。成功地通过在 2012 年 9 月末进行的德国操作海上测试（GOST）后，“布伦瑞克”号对外宣称已能够全面运行。它将有可能被调至地中海东部以支持联合国驻黎巴嫩南部临时部队（UNIFIL）在黎巴嫩进行的海上特遣队（MTF）448 行动。

FGS“马格德堡”号（F 261）：K–130 系列的第二艘轻型护卫舰“马格德堡”号于 2008 年 9 月 22 日开始服役。然而，由于前面所述的变速箱的问题，直到 2010 年 11 月它才真正在北海和波罗的海开始了交付后的海试。这艘轻型护卫舰最初经历了一系列的测试来检验其平台与系统是否按照规格说明书的要求正常运行。这些“出海准备”测试之后是2011 年 2 月在挪威北部的哈默菲斯特进行的严寒天气测试。为了评估这艘舰的战斗能力，验证期战斗系统和传感器装置，检测战斗数据收集能力，进行目标捕获与追踪的测试同时校准系统并且测量其对抗不同目标时的辐射水平，“马格德堡”号随即又对全部武器与传感器系统进行了大量验证检测测试。随后，“马格德堡”号又成功地与“山猫”和 Mk 41“海王”式直升机进行了着陆测试。

2011 年 9 月，该艘轻型护卫舰参加了 2011 年 Danex 北部海岸 2011 军事演习，这是 K–130 级轻型护卫舰第一次参加如此大规模的军演。这十分有利于提高军舰的作战技能，并为在各种各样的情况下对它进行战斗能力评估提供了很好的机会。随着德国海军的年度快速攻击艇军事演习的结束，“马格德堡”号也于 2011 年冬天成功地在挪威和瑞典完成了冷水测试。2012 年年初，在造船厂待了较短时间后，它于 3 月和 4 月开始了德国海上操作测试（GOST），之后在英国接

↓ 2008年6月“奥尔登堡”号在黑尔戈兰岛进行海试的罕见图片。海试过程中变速箱的故障使得整个K–130项目的完工推迟了3年左右。[德国蒂森克虏伯船舶系统公司（TKMS），Blohm+Voss船厂]

2007年“布伦瑞克”号进行推进系统测试的另一张照片。K-130项目的完工将为德国海军提供一批另一级别的新舰，它们按照不断提高的战术和操作要求进行了优化。[德国蒂森克虏伯船舶系统公司（TKMS），Blohm+Voss船厂]

受了海军将官海上训练组织（FOST）为期 5 周的适航测试。这艘轻型护卫舰计划将于 2012 年夏末接受部署以支持联合国驻黎巴嫩南部临时部队（UNIFIL）的海上特遣队（MTF）448 行动。

FGS“埃尔福特”号（F 262）：“埃尔福特”号于 2012 年 3 月开始海上验收测试。并于 2012 年年底服役。[5]

FGS“奥尔登堡”号（F 263）与 FGS“路德维希”号（F 264）：“奥尔登堡”号和“路德维希”号于 2012 年夏天完成海上验收测试，同年秋季开始服役。

最后提到的这 3 艘轻型护卫舰将按计划开始进行服役前的运行故障排查。在进行初次战役部署前，它们还能参加国内及国际上的军事演习。

显然，K–130 级轻型护卫舰项目的完工将为德国海军提供部署新型战舰的能力。这些战舰均将舾装上适当的设备以实现其预期功能。为达到德国海军最佳的战术及运行要求，这 5 艘“布伦瑞克”级轻型护卫舰将被派遣到世界各地，负责监控任务、禁运措施和缉毒行动，并可能单独或与国内、多国的任务组一同执行作战任务。在不久的将来，当这些轻

↓ 图中，2008年“布伦瑞克”号正在进行交付后的海试。随着变速箱修复工作已全部完成，该级别所有轻型护卫舰在2012年年底之前进入全面运行。（德国海军）

型护卫舰参与到非洲之角打击海盗的军事行动中时，谁都不会对此感到惊愕。

前方的路

为满足替换现有的10艘“猎豹”级（143 A型）快速攻击艇的需求，德国海军于2007年就开始了第二批轻型护卫舰的概念性设计工作。这项最初代码为“K-131”的计划现今则被重命名为多功能战舰或德语上的“Mehrzweckkampfschiff 180”计划（MKS-180）。项目计划购买一艘用以应对危机和执行全球监控任务的中型水面战舰。

从K-130项目中得到的一个教训是，尽管K-130级轻型护卫舰的规模比快速巡逻舰大得多，从完全满足德国海军不断提高的全球任务的要求上看，它们仍然太小，尚不能流畅高效地运转。因此，新的战舰会更加庞大。

↓ 图为2011年9月安装有RBS15导弹的“布伦瑞克”号的照片。按计划，接下来的MKS-180项目中的战舰规模将更大，并会吸取从“布伦瑞克”号及其姊妹舰上获取的经验。（德国海军）

新的 MKS-180 计划目前已发布的细节表明该项目可能包含到 6 艘 2500 吨左右的战舰，每艘战舰都具备核心的防空作战（AAW）和反水面部队作战（ASuw）能力，并可能增加额外的执行专门任务的装置。在现行的 F-125 稳定护卫舰项目开始之后，MKS-180 项目的建造合同将可能于 2020 年之前签订，而全部 6 艘战舰可能于 2027 年或 2028 年开始服役。

注释

[1] BWB为德国联邦国防技术与采购办公室（BWB）。原本计划订购更多该级别护卫舰，总共15艘左右。然而，之后却没再签署订购合同。

[2] 最初计划的是在K-130级护卫舰上装配8发“独眼巨人”（Polyphem-S）导弹。这种有线制导的地对地导弹射程可达60千米，其探测头上装有红外摄像机。它可以安装在飞行甲板下的垂直发射器上。然而整个“独眼巨人”导弹计划于2003年取消。

[3] K-130级轻型护卫舰上众多的传感器、武器、装备以及控制台工作站都能通过网络（基于过剩配置中的高速以太网结构）相连。

[4] 固定的高压水/泡沫灭火器也可以在机械室远程激活。

[5] K-130级别最后3艘军舰的交付与服役时间都被推迟至变速箱问题解决以及建造商测试完成之时。整个项目的延期可能会在3年左右。

1.4

“什瓦利克”级护卫舰

印度P-17型与P-17A型隐身护卫舰

作者 姆里云卓依·莫苏姆塔

被长时间延期服役的“什瓦利克”（Shivalik）号是3艘P–17型隐身护卫舰中的第1艘，由位于孟买的马扎岗船坞有限责任公司（MDL）旗下的海军造船厂负责建造，于2010年4月29日开创了印度海军造船工业、印度海军内部设计局以及海军设计指挥部（DND）的新纪元。这艘船的指挥官M.D.Suresh上校在交付仪式上面对各界媒体的访问时，说他对这艘护卫舰十分的满意。至关重要的是，他补充到，“这艘护卫舰为印度海军提供了新战术的开发可能性”。该护卫舰的隐身性能远远地领先于同时代印度舰队的其他战舰，并且可以与他国的隐身战舰一较高下。Suresh上校的话体现了这些护卫舰的重要意义，代表着印度海军在未来的战舰建造的道路上迈出了重要的一步。同时相比于诸如P–15“德里”级驱逐舰以及P–16/16A系列护卫舰而言，这艘船也代表了本国海军船舶制造能力以及海军设计指挥部（DND）在设计方面的一次飞跃。[1]

在P–17计划中，每艘护卫舰花费了约280亿卢比（5.25亿美元），这些护卫舰对海军设计指挥部（DND）而言意味着许多的“第一”。[2]这些“第一”包括：

- 海军设计指挥部（DND）第一个带有增强型隐身特性的设计，能够显著地减小雷达横截面（RCS）、红外（IR）及辐射噪声特征。

- 由于提升了适航性，使它成为第一艘允许直升机在高达 6 级海况的状况下运行的军舰。
- 第一次使用了柴－燃联合动力装置（CODOG）涡轮推进的设计。
- 最优化的船体设计与螺旋桨结构使该舰可达到超过 22 节的航速。
- 综合平台管理系统（IPMS）的使用，增强了护卫舰的自动化程度和可靠性。
- 通过武器、火力和通风设备的分区制提高了战斗损伤生命力，包括一个全空气控制系统（TACS），允许了该护卫舰在核生化（NBC）环境下能够持久地运行。
- 它是第一艘带有以非同步传输模式交换机为基础的光导纤维局域网系统、AISDN–17、语音集成、能够依据船只数据和战术数据实时地为船只和武器系统操作员呈现一个综合的态势感知的护卫舰。
- 通过使用韩国设计的模块化住宿区，提高了护卫舰的可居性，其中包括为两名女性军官提供的设施。

↓ 图为2012年4月在孟加拉海湾，印度P–17型“什瓦利克”级护卫舰“萨特普拉”号从美国航空母舰“卡尔·文森号”（CVN–70）旁驶过的场景。相比于先前的本国生产的战舰而言，这艘隐身的P–17级护卫舰在海军战舰建造的道路上迈出了改变性的一步。（美国海军）

根据领导海军设计指挥部（DND）的海军少将K.N.Vaidyanathan的观点，“什瓦利克”号预示着印度海军在未来水面战舰的设计上思维模式的改变，因为当初的那些新型特点在现在已经成为设计的重点。从“什瓦利克”级护卫舰的设计中可以看出，海军设计指挥部（DND）在设计一艘具有印度特色的当代隐身水面战舰的道路上迈出了大胆的一步。通过这艘战舰，印度有幸加入了一个特定的国家群体（a select group of nations）——法国、德国、意大利、日本、韩国、荷兰、瑞典、英国和美国（按照发展程度来说还应该包括中国）——它们都处于战舰技术的最前沿。

设计历史

P-17计划的设计构想产生于1992—1993年——海军人事部（Naval Stuff Requirements，NSR）呼吁建造一艘符合技术发展最新水平的、多功能的、以柴－燃联合动力装置

→印度P17护卫舰项目中的首舰——“什瓦利克”号的一张存档照片。这张照片拍摄于2003年4月18日孟买的马扎岗船坞有限责任公司（MDL）的造船厂中。此时“什瓦利克”号正准备下水。严重的建造延迟意味着它需要再等待7年才可以完全进入服役状态。[Mrityunjoy Mazumdar/马扎岗船坞有限责任公司（MDL）]

（CODOG）为动力的军舰用以执行防空作战和反潜作战等任务。这艘护卫舰需要具备较低的可见度（隐身性能）以及较强的适航性（在6级海况下，支持武器和直升机的运转），同时还需要具备良好的耐久力和生存能力、高水平的自动化水平和极佳的可居性。

海军设计指挥部（DND）放弃了一个低风险的建议：将采用蒸汽动力的P–16级“戈达瓦里河”号船体改装成一个以柴–燃联合动力装置（CODOG）为动力的护卫舰；反而选择了一个高风险的途径：设计一艘新型的现代化船体，并在此同时融入隐身特征，增强护卫舰性能，以超过现今所有在印度海军服役的护卫舰。在海军设计局（DGND）工作的海军中将 Rajeshwer Nath 决定去海外学习隐身技术，同时在国内最大程度地进行护卫舰的设计工作。这个决定为创造一个专门从不同方面研究隐身性能的设计组打下了基础。[3]

概念研究开始于1993年。而在1994年年初，诸多的概念型设计都被呈交到印度海军司令部，此后不久便获得了建造的批准。最初的概念研究是由一个小型的“燃气涡轮护卫舰”小组在当时的指挥官 K N Vaidyanathan 的领导下进行的。起初，护卫舰名为“护卫舰2000”，而后改为“护卫舰2001”，最后定名为P–17级护卫舰。这艘护卫舰的基本设计——船体外形、结构、内部布置、隐身性能、推进系统、

↓ 这两幅图为P–17护卫舰项目的第三艘也就是最后一艘护卫舰——“萨亚德里”号，在位于孟买的马扎岗船坞有限责任公司（MDL）旗下的造船厂中进行建造的场景。这些照片暗示了在造船厂中薄弱的基础设施——这也是完工时间延期的其中一个因素。“萨亚德里”号在本文写作的时候才得以交付。（AjaiShulka/MrityunjoyMazumdar）

武器和综合配置等——开始于 1994 年。与先前的战舰项目并不相同，用于模型检验和其他重要的设计工作以及推进系统的独立资金直到 1995 年才被获得。在船体设计和螺旋桨形状初步成型之后，模型检验于 1995 年 7 月在荷兰海事研究所（MARIN）、荷兰的流体力学和海事技术研究所中开始进行。测试的结果基本上达到了海军设计指挥部（DND）最初的预想——根据 Vaidyanathan 先生所说，其差异不超过 2.5%。同时，其他的设计研究诸如信号管理——雷达横截面（RCS）、红外（IR）以及水下传播的噪声，同时还包括风洞测试和推进系统集成等工作，也都接近了尾声。而所有的这些工作在 1997 年得以全部完成。

测试和设计研究工作是由海军设计指挥部（DND）和许多来自国内以及海外的建造咨询公司一起完成的。例如，英国的防护评估和研究机构（DERA）被选派去进行水下噪声的研究，同时德国的工业设备公司（IABG）则在缩小雷达横截面（RCS）的研究方面接受了印度海军的咨询。在裸船壳达到梦寐以求的雷达横截面（RCS）水平 [大约小于该船的雷达横截面（RCS）的 1%] 的同时，该舰还使用了专用的软件包，例如德国的“拉美西斯”（RAMSES）。海军设计指挥部（DND）的专家则着眼于武器和传感器等装备的安置以减小外露设备带来的雷达横截面（RCS）。同时，这个小组在梅莱拉公司极速接口的雷达横截面（RCS）降低方面取得了重要的成功，但俄罗斯的供应商却没有那么成功。这个设计的大部分内容是由海军设计指挥部（DND）完成的，船只的建造商马扎岗船坞有限责任公司（MDL）在海军设计指挥部（DND）的技术指导下也承担了一部分的细节设计。马扎岗船坞有限责任公司（MDL）还完成了该船大部分的生产图纸。

合同与建造

早 1998 年 1 月，印度高级安全内阁委员会就批准了预计成本为 225 亿卢比（在当时的兑换条件下合 6 亿美元）的三艘 P-17 型护卫舰的建造计划。但是这三艘护卫舰于 2005 年 12 月才开始交付。随后，马扎岗船坞有限责任公司(MDL)于 1998 年 2 月收到了一封意向书，要求马扎岗船坞有限责任公司（MDL）于 1999 年 7 月到 8 月开始建造战舰。然而，从规定的英国特种钢铁（现在已经不能使用了）到可供选择的俄罗斯的 D-40S 规格钢铁的转换，以及未完成的武器系统的设计数据，导致了其建造工程被延期 17 个月。因此，首舰“Yard 12617”的建造，是从 2000 年 12 月 20 日才开始的。正式的龙骨铺设工作开始于 2001 年 7 月 11 日，而被命名为“什瓦利克”号的船体（不包括上层建筑）则下水于 2003 年 4 月 18 日。随后，一系列与设计相关的延期——其中还包括由于文书工作的混乱致使美国的援助被扣留从而导致的 GE LM2500 燃气涡轮交付的延期——意味着这艘护卫舰花费了将近 6 年的时间进行建造和舾装。海试最终于 2009 年年初开始，并且于同年 8 月 24 日实现了第一次全动力试航。最终，马扎岗船坞有限责任公司（MDL）在 2010

↓ 这两张为P-17项目的首艘隐身护卫舰“什瓦利克”号于2009年上半年在孟买附近进行海试的图片。它最终于2010年3月30日被交付给了印度海军，并于同年4月29日开始服役。关于该舰建造时间拖延的原因有很多种。（印度海军）

年3月30日将“什瓦利克”号交付给了印度海军，该船于2010年4月29日开始进入服役。最后的两艘护卫舰（编号Yard12727和Yard12637）的龙骨铺设分别于2002年10月31日和2003年9月30日开始进行。“Yard 12727”号于2011年7月4日作为“萨特普拉”号下水，并且于2011年7月9日交付给印度海军。紧接而来的是2011年8月20日的试运行，而其完全交付时间却比计划中的交付日期2010年11月略晚了几个月。同样的，尽管“Yard 12637”号——于2005年5月27日作为“萨亚德里”号而下水——的计划时间表已经做出了大幅度的修改，但其实际的交付时间仍然落后了约1年的时间。它本应该在2012年3月31日进行交付，但是没有实现。不过，马扎岗船坞有限责任公司（MDL）最终于2012年6月25日实现了交付。

尽管复杂战舰的建造拖延问题是一个普遍的全球性问题，但P–17级护卫舰严重的拖延程度仍然是值得进一步的讨论的。[4] 该项目总共拖延了约5年的时间，其原因可以归纳为以下几点：

- 建造开始的时间遭遇了延期，正如前面介绍的那样，由于结构图纸的延期完成以及钢铁来源的问题，建造开始的时间拖延了17个月左右。可供选择的D–40S规格的钢铁只能通过唯一的途径获得，还必须基于与俄罗斯生产商达成一个采购协议的基础上。[5]
- 如此长久的延期也来自于以下几个因素：生产开始前要采用的设计方案并没有被确定、延迟的对主系统的选择、迟迟没有收到来自于供应商的捆绑型设计与接口数据。P–17项目主要是围绕着俄罗斯武器系统进行设计的，而苏联时期集权式供应链的崩溃导致了很多特殊问题的出现。另外，其中对一些重大的系统进行了改变，例如用联合的 Barak 1 系统与 AK630M 反导弹防御综合设施代替计划中的“卡什坦”系统——但事实上，印度海军对俄罗斯第一艘 P-1136.6 型护卫舰“塔尔瓦”号上的“卡什坦”系统知之甚少，经验十分匮乏。直到“什瓦利克”号完成了 87% 的时候，这个用以替代的系统才准备就绪可以安装，这使得主要结构和电路不得不进行重新安装。此外，武器和其他系统的不断更改以及住宿区域的布局，使得“什瓦利克”号在下水之前经历了多达 738 次的修整。

- 最初，本国的供应链（主要为小型或中型的企业）都试图交付符合该项目要求的严格质量标准的组件和设备。然而要想获得符合高标准的振动和空气传播噪声要求的机械是一个十分特殊、苛刻的挑战。尽管印度海军质量保证指挥部派出了一个专门小组来帮助企业开发出高质量的系统，然而企业的学习过程却并不那么顺利，并且导致了一些延误。
- 这项工作缺乏海外的原始设备制造商的支持。举例而言，前面提到的主要内容为美国国务院对印度进行技术援助的批准文书，被美国通用公司（GE）所混淆，这直接导致了其技术工作人员一度不能为“什瓦利克”号在装配后、服役前的各项活动提供帮助。印度不得不委派意大利的 Avio 公司进行了 4 个月的工作，直到所有问题都被解决。
- 从一定程度上来说，马扎岗船坞有限责任公司（MDL）不充分的基础设施导致了其生产效率早已达到最大限度并使得原料周转十分低效。

这些因素还导致了建造费用的增长。一些报道称，该项目的费用相比于最初的估价增长了约 260%。此外还有一个

表1.4.1　P-17计划成本膨胀[1]

成本种类[2]	**最初的批准价格（1998年1月）**	**修订的批准价格（2006年3月）**	**增长百分率**
主要设备与原料	1414.34	4062.75	187.25%
造船厂成本	506.44	2373.27	368.62%
共计1：基本建造成本	**1920.78**	**6436.02**	**235.07%**
造船厂利润	137.22	482.70	251.77%
共计2：全部建造成本	**2058.00**	**6919.00**	**236.20%**
基地与仓库备件	192.00	965.00	402.6%
马扎岗船坞有限责任公司（MDL）的现代化	0	217.00	n/a
全部项目成本[3]	**2250.00**	**8101.00**	**260.04%**

备注：

1. 数据来源于截止于2010年3月的印度主计审计长公署（Comptrollerand Auditor GeneralofIndia，CAG）2010—2011年间第32号报告——《印度海军军舰本土建造绩效审计》（Performance Audit of Indigenous Construction of Indian Naval Warships）。
2. 数据由克若尔作单位。1克若尔相当于1000万卢比。10亿卢比现在相当于0.185亿美元。
3. 发表于《印度》（The Hindu）中的一份近期报道称整个项目的全部花费已接近1000亿卢比。

额外的问题——在最初的成本评估情况下（按照1994年的价格水平而不按照1998年的价格水平，还包含了不现实的汇率假定），哪怕是建立在那些不那么复杂的战舰的基础之上，各项工作依然很难展开。该项目总体费用由印度主计审计长公署（Comptrollerand Auditor GeneralofIndia，CAG）进行审查，并且在2011年的印度本土军舰建造项目报告进行详述。报告特别关注了P-17项目生产费用的增加，从细节上阐述了于1998年1月批准的价格和2006年3月批准的修订价格的差异。这些在表1.4.1中可以看到。

印度主计审计长公署（Comptrollerand Auditor GeneralofIndia，CAG）解释该项目昂贵的超出限度的费用的主要原因如下："成本巨额增长的主要原因是武器和设备方面的成本的上升。这主要是由于武器和设备在最初设想的选择上进行了改变。最初对俄罗斯设备的评估是基于20世纪80年代及20世纪90年代初期俄罗斯为P-16A型和P-15型战舰项目所供应的设备之上的。俄罗斯武器装备产业摆脱了国家控制的模式并进入商业化，这也推动了购买价格的增长。另外，升高的成本中的一部分也是为了使许多设备能够在本土生产而付出的努力。另外一个主要的因素是建造期间人工劳动量增长了40%，从最初估计的150万个人工日增长到210万个人工日。这个增长再伴随着1998年马扎岗船坞有限责任公司（MDL）的工资修订，合在一起导致了一个较高的总体成本。此外还有许多其他的因素，诸如招聘安装专家的成本、分包合约影响下的成本增加以及原材料开支的增加。”

印度主计审计长公署（CAG）还提出：就P-17级护卫舰而言，最后的船只建造合同直到2008年6月才达成，甚至比原定的交付日期还要晚。尽管如此，这份合同并没有明确地规定当事人的权力和责任，也没有就建造周期的大部分内容给出高效的控制框架。这种情况的出现主要是因为海军和马扎岗船坞有限责任公司（MDL）在以下的两个方面并没有达成共识：需要的人力资源的评估（以“人工日”为单位）

↓ 图为2011年8月20日第二艘P-17型隐身护卫舰“索德布尔”号服役的场景。在原计划中，它的建造合同将在第一艘战舰完工后签订。但是由于合同久久不能达成一致，其建造工作不能按照原计划进行。（Kapil Chadni）

以及修订的交付时间表。尽管海军一直致力于在 P-17 项目中引进固定价格因素（“什瓦利克”号造价是基于成本与利润的基础之上的，但是海军对接下来的两艘护卫舰的期望则是使得其建造成本能够与第一艘的相同），合同的延期签订不过是将已经出现了的昂贵的成本增长正式化了。

然而，说句实在话，这是海军设计指挥部（DND）、马扎岗船坞有限责任公司（MDL）和印度工业第一次承担起这种量级和复杂度的艰难项目。尽管如此，其学习的过程过于艰辛，并且在吸收经验的过程中花费了比预计中长很多的时间与精力。印度从 P-17 级护卫舰的建造过程中学到了很多有价值的经验，而这些将支持其成功地完成随后的船舶制造项目中。

护卫舰整体描述

P-17 项目的主要设计特征在表 1.4.2 中均已列出。该级

别护卫舰总长142.5米，型长132米，船宽16.9米，型深9.2米，设计吃水4.5米，最大吃水7.1米。其标准排水量约5000吨，满载排水量为6200吨。船体拥有极高的水线面面积，舱底部分相对较尖用以提高横摇阻尼和增强适航性，同时相对较大的方向舵可以为护卫舰提供卓越的操纵性能。该护卫舰的横摇阻力以及适航性在海试中有着格外优越的表现，远远超过了其他大型军舰设计，例如P-15计划中的“德里”级驱逐舰。通过对螺旋桨轴系斜度的最优化设计，舰艇附件带来的影响被最小化，这样就大大减小了流动阻力，并且使得水流适应A字形构架（轴支架）的方向以及方向舵和稳定器微小的移动。

为了降低其雷达反射截面积（RCS），“什瓦利克”号拥有一个向外展开的船体，以及一个与法国“拉斐特”级护卫舰相似的上层建筑区，该区墙面倾斜看似连续，而其实际上则是一个由三项设备合成的上层建筑。该船的特点是它的中间部分（带有护卫舰上的小船披上封闭式的“窗帘”），这一

← “什瓦利克”号总长142.5米，满载排水量6200吨，是一艘相当大的护卫舰。然而就某些方面来讲——特别是船首的布局——与体型较小的俄罗斯建造的P-1135.6型“塔尔瓦”级护卫舰非常的相似，当然其中也有很多的不同。这张图片拍摄于2009年的海试过程中，此时其“F47”的编号仍然使用的是黑色的油漆喷涂的。（印度海军）

表1.4.2 “什瓦利克”号主要参数

建造信息：	
建造开始时间：	2000年12月20日
下水时间：	2003年4月18日
交付时间：	2010年3月30日
建造商：	马扎岗船坞有限责任公司（MDL）旗下位于印度孟买的造船厂
尺寸：	
排水量：	满载排水量6200吨
船体整体尺寸：	142.5米×16.9米×4.5米（吃水深度最深为7.1米）。型宽132.0米
武器系统：	
导弹：	一座单臂S3-90发射台以及24发无风1型（SA-N-12“灰熊”）防空导弹。4座8室Barak 1型PDMS系统 一座为3M-54 Klub-N （SS-N-27 Sizzle）导弹系统准备的3R-14N-17 8室发射台，包括地对地、反潜以及陆地攻击巡航导弹
舰炮：	一座76mm口径的梅莱拉公司极速舰炮。2座AK-630M型舰炮，该舰炮是密集阵近防武器系统（CIWS）一部分。轻型机关枪若干
反潜（ASW）系统：	两座12管RBU 6000A/S火箭发射台
航空器：	两架阿古斯塔韦斯特兰公司生产的海王式Mk42B型直升机或其等价物
对抗措施：	巴拉特拉电子有限责任公司（BEL）制造的Ellora电子战争系列。CSN-56诱饵发射系统。Mareech鱼雷诱饵及拖拽式噪声机
主要传感器：	一台MR-760 M2EM “军舰鸟”（北约名称：顶板（Top Plate））3维搜寻锁定指定雷达以及为“无风1号”（shtil 1）准备的4台3R-90（北约名称：前圆板（Front Dome））雷达波源 一台以色列埃尔塔（Elta）国防公司制造的EL/M-2238 ER搜寻锁定指定雷达。两台为PDMS / CIWS系统准备的埃尔塔（Elta）国防公司制造的EL/M-2221火力控制雷达 一台为Klub-N系统装备的3Ts-25E GarpunBal目标指定/火力控制雷达 水面搜寻以及导航雷达。MKXI敌我识别系统（IFF）与搜寻雷达的集成。HUMSA-NG船体声呐。即将安装的拖拽声呐
战斗系统：	巴拉特拉电子有限责任公司（BEL）生产的 CMS -17/ CAIO -17系统 巴拉特拉电子有限责任公司（BEL）制造的CCS Mk2 通信系统以及数据链接设施。Rukmani卫星通信
推进系统：	
机械装置：	柴油燃气涡轮组合机（CODOG）。两台额定功率为5.7MW的皮尔斯蒂克（Pielstick）16 PA6 STC 柴油机。两台额定功率为18MW的通用公司（GE）燃气涡轮机。双轴
速度与里程：	设计的最高航速可超过30节。在18节航速下可航行5000海里
其他细节：	
容纳量：	典型的船员容纳量为255人，包括35名军官。一个舰载的空军部队会在这基础上额外增加15到20人
类型：	已订购有3艘P-17级护卫舰：于2010年4月29日服役的“什瓦利克”（F47）号，于2011年8月20日服役的“萨特普拉”（F48）号，以及现在尚未交付的“希亚德里”（F49）号

“什瓦利克”号（2010）

比例 1:700

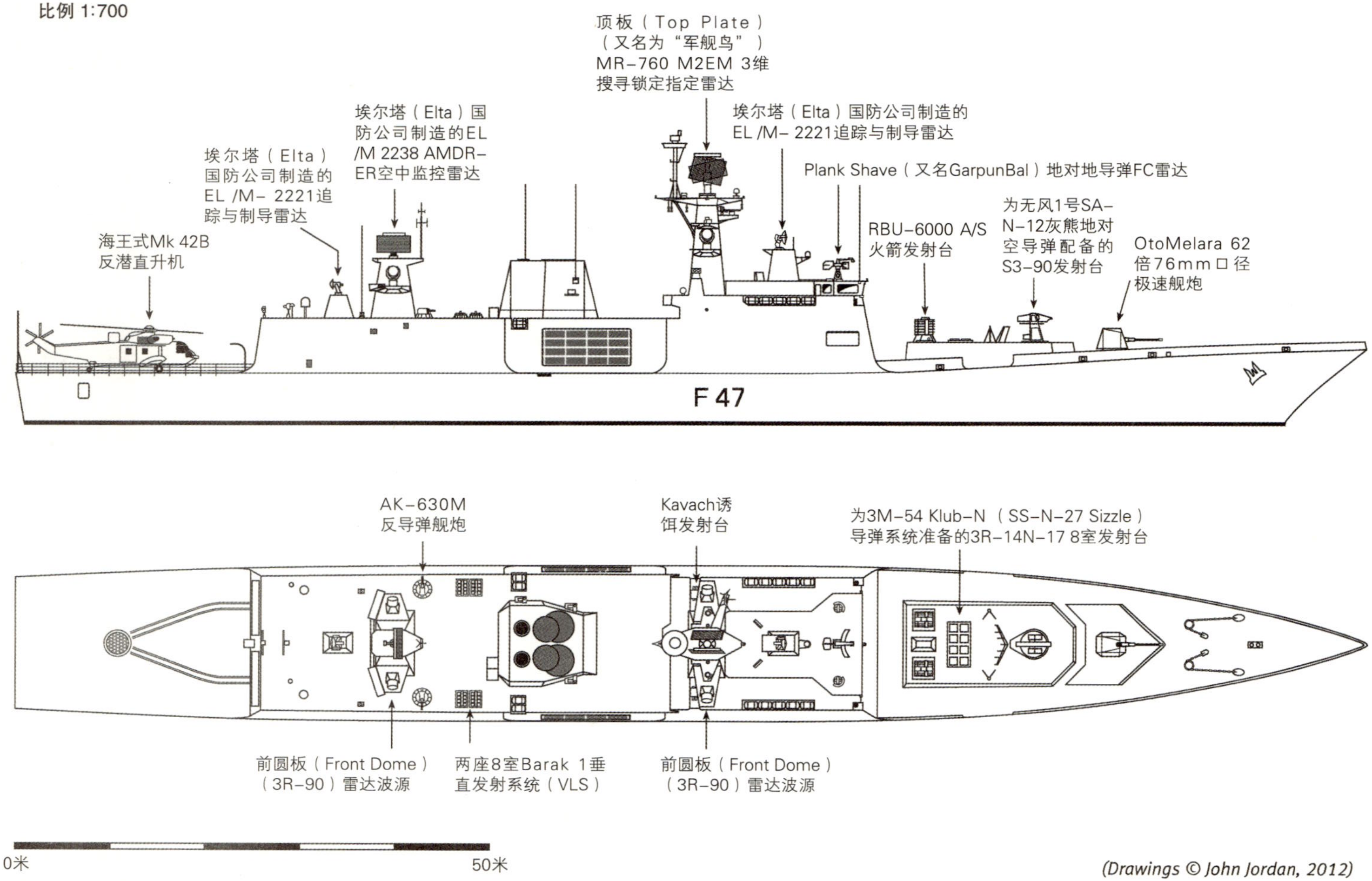

(Drawings © John Jordan, 2012)

部分与剩下的上层建筑相分离，由内部隔板和烟囱进行支撑，可以作为一个延伸的链接结合处使用。其上总共有 8 个甲板平面——4 个位于主甲板平面之上，另外 4 个位于其下。内部布局突出了宽阔的走廊和整体的宽广。巨大的船桥经过了精心的设计，安置有符合人体工程学的控制台。这艘护卫舰拥有迄今为止最好的高标准住宿环境。宽敞的模块化住宿环境由韩国人设计并由印度博伊斯公司（Godrej Boyce）进行供应，与现有的印度海军军舰上的住宿环境完全不同。显然，军官的住处经过了精心的设计。同时，该艘护卫舰也是第一艘拥有为两名女性军官定做房间的护卫舰。

该艘护卫舰可以容纳 255 人，包括约 35 名的军官，加上一个依据舰载直升机数量和类型而定的 14 人到 22 人的航空组。同时，船员规模可以进一步地减少，工资成本很低。

→两幅罕见的首艘 P1135.6级护卫舰——“塔尔瓦”号的鸟瞰图，刊登于《2006年印度总统舰队回顾》中。尽管有传言说 P-17级护卫舰的设计受到了这些俄罗斯建造的护卫舰的影响，但是事实上，“什瓦利克”以及它的姊妹舰的构思是在“塔尔瓦”号订购之前完成的。（Mrityunjoy Mazumdar）

但事实上印度海军喜欢在充足的人员配备下运行战舰，使得所有的战斗系统在任何时间下都能拥有满员的配备。为了能够高效地控制逐渐增加的损毁行为，海军军官认为除了拥有足够多的人手之外别无他法。护卫舰上的厨房可以同时为400人准备饭食。其核心设备包括一个旋转式的印度薄饼机和一个固定的薄煎饼机。为了在规定的俯仰和纵摇要求（俯仰 +/−15°，纵摇 + / − 30°）之内让这些机器工作，厨房还需要安装特殊的滚柱轴承，这为印度海军提出了一些在特殊设计与采购方面的挑战。

两座直升机机库中间的中心通道形成了一个位于直升机甲板和护卫舰内部的干净的大厅。拿丁集团（Larsen and Toubro）为其提供了齐平甲板直升机穿越系统以及用以降低雷达横截面（RCS）的设计，这为这艘护卫舰上的直升机提供了更强的运转灵活性。

第一眼看过去，“什瓦利克”号的外观和由俄罗斯的谢维尔诺耶（Severnoye）设计局设计的 P−1135.6 型“塔尔瓦”级护卫舰非常相似。这种外观使得许多观察员错误地推断印度的军舰使用了“塔尔瓦”的设计。事实上，P−17 项目完全采用印度本土设计，全部都是由印度海军设计师“白手起家”研发而成的。并且 P−17 的概念设计和船体外形是在 P−1135.6 项目合约签订的两年前完成的。那么为什么“什瓦利克”号和“塔尔瓦”号的外形如此相近呢？原因有两个。其一是在“什瓦利克”号设计研发的那个时期，印度正在和俄罗斯进行关于收购“塔尔瓦”级护卫舰的讨论。海军少将 Vaidyanathan 说：“正是我们对于 1135.6 项目的评论和意见使得俄罗斯将‘塔尔瓦’号的外形演化得与 P−17 略有相近。”其二，这两个级别的护卫舰拥有着相似的武器系统。因此，诸如船首布局几乎完全相同这样的情形是完全符合逻辑的。

↓→ “什瓦利克”号的主要防空作战的能力是由俄罗斯的施基利1号（北约名称：SA-N-12“灰熊”）地对空导弹系统提供的。这些照片展示了“军舰鸟”[北约名称：顶板（Top Plate）]监视与目标指示雷达，3R-90 Orekh [北约名称：前圆板（Front Dome）]雷达波源以及3S-90发射台等一些该系统的主要组成部件。同时也要注意到位于雷达波源下方的M-22E“千里眼”设施也可以为该系统提供电光方面的支援。（Mrityunjoy Mazumdar）

然而，正如表 1.4.3 中列出的一样，这两个型号之间还是有着显著的差异的。

武器和战斗系统

我们可以从 P-17 的武器系统上可以看出其多功能的特点。它们经过了特殊的设计可以在一个以网络为中心的作战环境下，承担起防空作战（AAW）、反潜作战（ASW）以及反水面战（ASuW）等任务。

其主要的防空作战（AAW）武器是一套中等射程的“施基利 1 号”（北约名称：SA-N-12“灰熊”）地对空导弹系统以及半主动式雷达寻的式的 9M317E 地对空导弹（SAM）。这些导弹可由一座单臂式 3S-90E 发射台发射。24 发导弹被装载在一个甲板下方的旋转式发射台中。在 4 台 MR-90/3R-90 Orekh [北约名称：前圆板（Front Dome）] 雷达波源的指引下，这些导弹可同时拦截 4 个目标。安装在船桥顶上的两个 M-22E 旋转稳定的“千里眼”设备也被认为可以为 MR-90 雷达波源提供电光形式的后援。相比于先前安装于印度海军 P-15 级护卫舰上的施基利 / 克什米尔(北约名称：SA-N-17“牛虻”）系统的早期版本以及其配备的 9M38 导弹，9M317E 导弹在作战覆盖区域上有着很大的提高。9M317E 导弹最小射程为 3.5 千米，最大射程为 42 千米（最远可能能够达到 50 千米），可在 5 米到 15000 米的有效高度内打击飞行器目标。这些导弹还可以在 5 米到 10000 米的飞行高度之内拦截入境的反舰巡航导弹，其射程在 3.5 千米到 12 千米之间。此外，它还在 3.5 千米到 25 千米范围之内拥有打击水面舰艇的能力。从规格上来说，导弹长度为 5.55 米，直径为 0.4 米，扩展鳍状态下跨度为 0.86 米，重量约为 715 千克。它可以拦截飞行速度为 1200 米 / 秒的目标，并可在最高为 24 高斯的磁感应强度下进行自我操纵。

针对机载导弹和反舰导弹的防御系统主要由 32 发 Barak 1 型导弹以及两座 AK-630M 炮架构成。Barak 1 型导弹安装在两个成对的 8 室垂直发射系

表1.4.3　P-17级“什瓦利克”号与P-1135.6级“塔尔瓦”号的对比

级别	P-17级“什瓦利克”号	P-1135.6级“塔尔瓦”号
设计启动时间	1994年	1997年
满载排水量	6200吨	4000吨
主要规格	142.5米×16.9米×4.5米（吃水深度最大为7.1米）	124.8米×15.2米×4.5米
推进系统	柴-燃联合动力装置（CODOG），最大航速可达30节 两台LM 2500涡轮机，两台16 PA6 STC柴油机	复合燃气涡轮机（COGAG），最大航速可达30节 两台DS-71巡航涡轮机与两台Dt-59推动涡轮机
航空器	两架Mk42B海王式直升机	一架Ka-31直升机
船员人数	255人	180人

→“萨特普拉”号的这张照片为P-17级护卫舰的整体武器系统提供了一个卓越的概述，尤其是它口径为76 mm的主炮、“施基利1号”（Shtil 1）地对空导弹系统以及尖端防御综合设施。（美国海军）

统中。其最大射程为 10 ～ 12 千米。AK-630M 舰炮的发射速率可达每分钟 4000 ～ 5000 发，用以打击 Barak 导弹攻击范围之外的漏网之鱼。梅莱拉公司研制的发射速度最高可达到每分钟 120 发的 76.2 毫米口径极速舰炮也可以被用作反巡航导弹，拦截 5 千米之内的目标。在一个被安装在桅杆上的 EON-51 电光指引仪的辅助下。两个埃尔塔(Elta)EL/M-2221 火力控制指引仪担任着控制 Barak 1 型导弹以及舰炮的责任。

远程反水面战斗的攻击能力由 3M-54“俱乐部”-N 型 [北约名称：SS-N-27“极热”（sizzler）] 导弹系统与一座 8 室 3R-14N-17 导弹发射台提供。“俱乐部”-N 型导弹系统包含了两种来自同一系列的反舰导弹——3M54E 导弹：飞行时最高速度可超音速，弹头重 200 千克，射程为 200 千米；以及 3M54E1 型导弹：弹头重 400 千克，射程 300 千米。这个系列还包括了可以携带一个 MPT-1 ME 鱼雷、最大射程为 40 千米的 91RE2 反潜（ASW）导弹 [事实上它更像美国海军的反潜艇火箭（ASROC）] 以及 3M14E 陆地攻击巡航导弹。海军还采用了可同时使用主动和被动频道的 3Ts-25E GarpunBal（北约名称：Plank Shave）雷达来为 Klub 系统提供远程水面目标的定位。

反潜（ASW）武器包括前面提及的 91RE2 火箭以及两个使用 Purga 火力控制系统的 12 管 RBU 6000 反潜（ASW）火箭发射台。印度人称 RBU 系列在承担反潜（ASW）角色的时候是“非常高效”的。令人好奇的是，舰上并没有鱼雷发射台。相反，在设计中海军将用反潜（ASW）直升机来执行这一任务。不过海军设计指挥部（DND）的设计师称，如果需要的话，军舰上是可以安装鱼雷管的。舰上可以运载两架大型直升机，诸如奥古斯塔 – 威斯特兰（AgustaWestland）公司制造的“海王”式 Mk 42B 直升机，来进行反潜（ASW）和反水面战（ASuW）等工作。

战舰上的搜寻雷达包括一台由俄罗斯 Salyut 公司制造的 MR 760 M2EM“军舰鸟”[北约名称：顶板（Top Plate）] 雷达，这是一台运行于 E 波段（相当于美国的 S 波段）的三维搜寻雷达，可以为“施基利 1 号”导弹系统提供目标指示。根据 Salyut 公司的文献，该雷达拥有最小为 2 千米、最大为 300 千米的搜索范围，搜索高度可达 30 千米，并可根据激活的雷达信道的数目可以达到 45° ～ 55° 的仰角。然而，

←这是一张关于“什瓦利克”号上尖端防御综合设施的图片，包括埃尔塔（Elta）公司的EL/M 2238监控雷达，位于主桅前面的两座8室Barak 1型导弹发射台以及一个AK-630M近防武器系统（CIWS）。埃尔塔（Elta）公司的EL/M-2221火力控制雷达可以提供追踪和制导的功能，但在此图中并没有出现。（Mrityunjoy Mazumdar）

对外公布的该雷达的探测范围则要小得多。例如，一架喷气式飞机可以在230千米的范围内被探测到，一架隐身喷气式飞机可以在100千米的范围内被探测到，一发巡航导弹可以在50千米内被检测到。埃尔塔（Elta）公司的一个探测范围延伸版本的三维EL/M 2238型反导弹防御雷达为我们提供了Barak 1型地对空导弹对低空飞行导弹的追踪数据，该雷达也运行于E波段，并拥有350千米的仪表式探测范围，可以在250千米的距离内探测到歼击机大小的目标；当导弹在28千米的范围内时，将自动开启威胁警报。此外，Mk X I敌我识别系统（IFF）已经完成了与两个雷达的集成工作。

声呐系统包括安装在船体上的HUMSA–NG声呐以及一个型号未知的主动拖拽式阵列声呐系统。所有的迹象都表明这艘船在交付的时候并没有安装拖拽式声呐，但最近的报道则称巴拉特拉电子有限责任公司（BEL）将为其提供一个从L–3海洋系统中衍生出来的拥有建造许可的低频主动拖曳声呐（LFATS）。

电子对抗措施包括巴拉特拉电子有限责任公司（BEL）制造的Ellora电子战争系统（它同时拥有主动和被动功能两种功能）。该系统由诸多组件组合而成，其组件大部分来

↓在海试过程中，“什瓦利克”号对其RBU 6000反潜火箭发射平台进行了测试。印度海军坚信在反潜方面，这个系统将保持十分高效的状态。然而，相较于P–17型战舰上许多其他的装备而言，这个系统的隐身性能并不可观。（印度海军）

源于以色列，包括两个电子保障措施（ESM）的天线头单元、两台多波束相阵干扰发射机、两座用以对抗通常装载在巡航导弹上的毫米波单脉冲追踪器的毫米波干扰发射台以及一个通信拦截组件。其他电子对抗设施还包括印度自行研发的 CSN–56 Kavach 诱饵系统（由一对短程和一堆中 / 远程发射台构成）。与其他印度战舰相同的是，反鱼雷防御系统将包含本土研发的 Mareech 鱼雷诱饵系统以及拖拽式噪声发生器。

“什瓦利克”号上众多的武器系统和传感器与该舰的 CMS–17 战斗管理系统相连，它们之间是通过一个被称为 AISDN–17 的双冗余光导纤维网络（异步传输模式综合军舰数据网络）进行连接的。从 AISDN–17 网络传来的数据将呈现在遍布全舰的多功能通用控制台上。但是尽管该舰拥有一个灵活的集成系统结构可以兼容更多的系统，关于战斗管理系统、战斗行为信息中心的详细信息实在是少之又少。这显示出它将在以网络为中心的行动领域中拥有极大的潜能——这一潜能可能会延伸到联合作战的能力以便于在适当的时候控制其他军舰上的武器。[7] 该级别战舰还装配有战术数据链路 [包括巴拉特拉电子有限责任公司（BEL）提供的链路 II

↓ 图中，“什瓦利克”号在2010年年初交付之前的海试中高速航行。其用以减小雷达横截面面积（RCS）的特殊设计包括了隐形舰炮炮塔、以约10度倾角倾斜的布满天线的上层建筑以及一些垂直发射台的应用。（印度海军）

型设施（Link Ⅱ）] 以及卫星通信来辅助建立在网络基础之上的战争。与此同时，外部和内部的通信都将由巴拉特拉电子有限责任公司（BEL）供应的 CCS Mk2 通信系统支持。AISDN–17 系统和战斗管理系统都是由位于新德里的印度海军武器与电子系统工程公司（WESEE）与远程信息处理开发中心（C–DOT）、印度政府旗下的通信研究与开发中心、巴拉特拉电子有限责任公司（BEL）以及一个“海外专家公司”[很有可能是俄罗斯子午线（Meridian）公司] 的共同合作下设计完成的。

隐身设计

海军设计指挥部称“什瓦利克”号的隐身特性以及其他的一些设计元素成就了这艘护卫舰一系列的操作优势。而迄今为止这艘护卫舰成功的特点便是其在面对探测和追踪时能够大幅降低弱点被暴露的可能性并减小敌方反舰导弹以及水下武器的雷达追踪范围。另外，这艘护卫舰在高危海况下仍能拥有卓越的操作实用性，可以实现远距离的高速行驶，并大大降低了使用寿命在运行使的损耗。

每一艘军舰都有一系列的“特征”能够独特地标识出其船体以及对不同武器的弱点，这些特征包括：压强特征、雷达横截面（RCS）、红外（IR）特征、水下噪声（声学上）及额外的低频辐射。例如，为了躲避水雷，其压强特征需要达到最小化；为了躲避反舰导弹，其雷达横截面（RCS）以及红外（IR）特征需要达到最小化。同样地，声学、电磁以及额外的低频辐射等特征都需要被降低以应对来自自主寻的鱼雷的威胁。

海军设计指挥部（DND）前局长、海军中将奈斯（Nath）

为我们提供了关于“什瓦利克”号上多方面隐身措施的详尽解释。[8] 他解释说雷达横截面（RCS）的减小与预测行为通常是在 2 ～ 40 GHZ 频率范围内进行的。因此，在裸船壳的雷达横截面（RCS）与其武器装备之间达到一个良好平衡是极其必要的，这可以使其逐步成为一个整体的隐身设计。一艘隐身效果好的军舰的裸船壳雷达横截面面积（RCS）应该小于 1000 平方米(28dB 平方米)，只占总体雷达横截面(RCS)的百分之一左右（其余的是武器与设备）。相反地，传统军舰的雷达横截面（RCS）面积约合 40000 平方米（46dB 平方米)，总体雷达横截面（RCS）的百分之八十来源于裸船壳。相比之下，拥有倾斜的上层建筑和船舷墙的战舰，其船体部分只占总体雷达横截面（RCS）特征的百分之五，然而那些只有一个倾斜的上层建筑的军舰，其船体部分大约占到整个雷达横截面（RCS）的百分之十。

“什瓦利克”级护卫舰上特殊的雷达横截面（RCS）缩小措施包括隐身舰炮炮塔、对垂直发射台尽可能多的使用、以十度左右的倾角倾斜布满天线的上层建筑、倾斜的船舷墙

↓ 图为“萨特普拉”号和美国海军进行军演的照片。其整体的隐身性能或多或少受到了俄罗斯进口武器和传感器的影响。（美国海军）

以及为直升机穿越齿轮装置而准备的平甲板轨道。另外一个便是对雷达透明的材料的使用：对于像支柱、围栏、护栏、对雷达波透明的梯子、雷达抑制侧屏（RSSS）、直升机甲板安全网络框架与管道等设备，其所有组件都是由雷达横截面面积（RCS）较低的复合材料制造而成的。另外，该舰还使用了可以吸收雷达波的油漆、ROOT（对雷达不透明但光学透明）窗户（它能对关键频率进行选择）。许多这类复合组件以及拥有涂层的组件都是印度本国生产的。通过一系列的预测和模型软件，工作人员反复地进行最优化的设计研究，减少了达到这艘船所需的雷达横截面的耗时。举例而言，燃气涡轮的通风口需要雷达抑制侧（RSSS）的覆盖，这为设计师在维持雷达横截面（RCS）和气流要求之间的平衡而得出最佳的网格大小提出了特殊的挑战。

该舰主要的红外（IR）特征是它的热废气羽流，以及极高的表面温度（例如烟囱堆的上风口）。从以上来源中排放出的电磁辐射主要基于两个宽度的红外段波：3 ~ 5 微米（中波红外）段波以及 8 ~ 12 微米（远红外线）段波。按照预想，导弹上的红外（IR）探测仪以及其他探测设备也将运行于这些波段之间。

→“什瓦利克”号上一个嵌装在船体中的舷梯，这是减少雷达横截面面积（RCS）的一种方式。（Mrityunjoy Mazumdar）

发动机废气的红外（IR）特征可以通过红外（IR）特征抑制措施（诸如羽流冷却设备）得到减弱，在 3 ~ 5 微米波段中可降低约 95%。另外，废气经过冷却，热金属也随之冷却，因此这可以为防御敌方的红外传感器提供一个良好的隐蔽措施。引擎室的通风系统（包括一个海水冷却器以及为柴油交流发电机准备的隔声罩）可以帮助降低船体的温差。戴维斯公司（Davis Engineering）为全部的护卫舰制造了一种被称作“喷射扩散器”的红外特征抑制设备，以及 LM 2500 燃气涡轮入风口和出风口。印度海军科学技术研究室宣称它“开发”（事实上是翻新设计）这些设备是为了减小柴油引擎废气排放带来的不利影响。满负荷的运行状况则要求其引擎制造商——基洛斯卡燃油引擎有限责任公司（KOEL）纳西克工厂在维持该舰最小背部压强的情况下降低该舰百分之九十的红外特征。

主要的声学特征管理措施是最小化或抑制由机械设备（包括推进系统及其辅助装备）、分布式管网系统中的水流流动和推进器空穴作用产生的水下辐射噪声。“什瓦利克”号使用了很多弹性支架、双层座、救生艇、灵活的离合器、静音的推进器以及机械设备的隔声罩。值得一提的是，其体积

←这是“什瓦利克”号船体中央部分的一张图片，包括其中一个覆盖着燃气涡轮通风口的雷达抑制侧屏（RSSS）——它在同时也封住了护卫舰上的小船。（Mrityunjoy Mazumdar）

庞大的内旋式推进器经过了特殊的设计：在超过 22 节的航速下，仍能以低噪声和高空穴作用的状态行驶，并且还具有狭窄尾迹（narrow wake，NW）的特点。正如前面所提到的那样，设计师非常注重实现极低的船体附属物阻力，以使得流动噪声和振动能够通过合理的组件布置而达到最小化。另外一个值得关注的例子便是海水抽吸装置，这需要对海水箱进行精细地设计来避免由于水泵推进而产生的流体噪声辐射。

其他关键的设计特性

"什瓦利克"号上柴－燃联合动力装置（CODOG）的特色是两台额定功率为 5700 千瓦的由基洛斯卡·皮尔斯蒂克（KirloskarPielstick）许可建造的 16 PA6 STC 柴油发动机，以及两台由印度斯坦航空装配通用电气公司生产的 LM 2500 燃气涡轮机（每台的额定功率约为 18 兆瓦，并且带有 L-3 MAPPS 数字引擎控制组件）。柴油机主要用于支持巡航速度，而燃气涡轮机则主要用于快速加速以及达到更高的速度。相比于燃－燃交替动力装置（Combined Gas Or Gas,

↓ 印度这三艘"什瓦利克"级护卫舰中本土组件应用的多少取决于交付时间的规定。一些设备（例如梅莱拉公司的极速主炮）是在得到执照后才开始建造的，然而其他的设备，包括拿丁集团（Larsen and Toubro）直升机穿越系统，则完全是印度本土制造的。（Kapil Chadni）

COGOG)，通过使用柴－燃联合动力装置（CODOG)，印度海军估算该护卫舰的使用寿命运行损耗将减少约百分之五十。

引擎通过两个 Renk BGS 192.5 Lo 双螺旋减速箱来驱动两个 Wartsila–LIPS 可控螺距螺旋桨。每个减速箱重约 54 吨，可以传送（transmit）最高可达 22.4 兆瓦的能量。它们将燃气涡轮的输出从每分钟 3600 转减小到每分钟 215 转，同时将柴油发动机的输出从每分钟 1050 转减小到每分钟 136 转。这些是由印度的 Elecon 公司在获得许可证的情况下建造的，它们经过了特殊设计来降低结构噪声，并且为印度制造的军舰变速器指定了一个全新的标准。其他的核心推进系统设备还有 LIPS 供应的由 Goa 造船厂集装的轴系。此外，每艘护卫舰拥有 4 个本土组装的柴油发电机设备，总共可以提供高达 4 兆瓦的电力。

↑ 该图为L–3 MAPPS 公司局部控制面板的一张通用图片。P–17级护卫舰的特色之一便是由该公司提供的集成的机械和战斗损伤控制系统，其中包括了五个损伤控制区中的远程终端。（L–3 通讯MAPPS股份有限公司）

综合平台管理系统（IPMS)（主要用来控制自动化船舶机械和设备的运转）在最初的设想中，是一个完全的集成化系统。然而，印度海军工程与电气工程指挥部做出了一个决定用以追求分离的途径，这意味着安装在“什瓦利克”级护卫舰上的综合平台管理系统（IPMS）并不能完全地集成。因此，目前它拥有两大由 L–3 MAPPS 公司提供的模块 [一个综合机舱控制系统（IMCS）以及一个战斗损伤管理系统（BDCS）] 和一个由印度通用电气公司生产的分离式独立操作的自动功率控制系统（APMS)。尽管如此，“什瓦利克”号仍然是第一艘达到这种自动化程度的印度战舰。

综合机舱控制系统（IMCS）负责监视和控制“什瓦利克”号的平台机械装置，包括护卫舰的推进、电气、损伤控制以及辅助机械系统。它还可以提供其他的先进功能，例如舰载的嵌入式团队训练以及设备健康程度监控。2011 年 10 月，海军在一份由马扎岗船坞有限责任公司授予给 L-3 MAPPS 公司（那时的加拿大 CAE 公司）的合同中要求后者承担起平台整体功能集成者和综合机舱控制系统（IMCS）供应商的任务。这个决定是印度海军采购中的一个里程碑式的决定，因为这是第一次一个西方公司接管了一个至关重要的印度海军项目。L-3 MAPPS 公司的销售部副主席 Rangesh Kasturi 称，这个决定使得"应用在这艘护卫舰上的史无前例的自动化水平为印度海军提供了诸多好处，例如在高度保持该护卫舰的安全和生存能力的同时降低人员配置，并对该舰的机械平台及系统进行更好的开发"。

除了机械控制室的主要控制面板，系统操作员（特别是损伤控制部门）还可以通过众多分散在每一个损伤控制区域的远程终端来获取综合机舱控制系统（IMCS）的使用权限，以便监视与控制该舰的战斗损伤管理系统（BDCS）、推进系统以及其他辅助系统。这个系统的使用权限还可以在遍布全船的几个访问点处通过一台笔记本电脑获得。用于控制损伤的硬件包括俄罗斯供应的 Ladoga-ME 消防系统。

如果出现了损伤、火灾或是水淹的情况，为了保证稳定性并维持一定的运行能力，该护卫舰将被划分为 5 个相互独立的气密、水密避难处以及防火区。每个区域都有独立的烟雾净化设备，并且能够通过能源分配系统获得电力。该护卫舰的供暖设备、通风设备以及制冷设备 [其总称为综合空气控制系统（TACS）] 可以在护卫舰内部以及那些独立区域维持一个持续的正常的空气压力使其在核生化（NBC）等环境下运行。这个系统主要由丹麦的诺文科公司供应，包括 75 个空气处理单元、111 个热交换风机盘管以及 30 个空气过滤单元。[9] 最后提到的那两个流动速率分别为每小时 900 立方米和每小时 1800 立方米的系统可以在核生化（NBC）环境下为避难处提供滤过的空气。

本土组件

尽管印度往往自称“什瓦利克”号百分之六十的部分都是本土生产的，而这个数据的精确性则取决于关于术语的解释程度。面对任何一个这种规模的项目，将下面这句话牢记于心是十分有帮助的：本土化进程是一个平缓的过程，并且取决于如何定义“印度生产的设备”。如果坚持本土生产的设备是“于印度设计并于印度制造”的设备，那么满足这一标准的设备实在是少之又少。尽管如此，许多关键的组件都是经过翻新设计的（印度海军喜欢称之为“本土化的）或是由印度组装的。在这种定义下，该级别的护卫舰才可以算是“大部分由本土制造的。”

关键的本土制造组件包括拿丁集团（Larsen and Toubro）的直升机穿越系统、Veljan Hydrair 公司制造的稳定器和操舵装置、先前提到的隐身涂层和对雷达透明的材料，以及红外

↓ “什瓦利克”以及它的姊妹舰组成了以维沙卡帕特南为基地的印度东方舰队的一部分。该图拍摄于2011年3月，“什瓦利克”号第一次抵达它的母港。（印度海军）

(IR) 特征抑制系统、配件、管道、模块化的住宿区等。本土生产的武器包括 Kavach 诱饵发射台、Mareech 鱼雷诱饵系统、获得许可证而制造的梅莱拉 76 毫米口径极速主炮以及 AK–630M 舰炮。同样很重要的是，在 AISDN–17 战斗管理系统和处于技术前沿的电子战争设备的研发过程中，印度在复杂系统工程和系统集成方面获得了宝贵的经验。

显而易见的是，在从外国伙伴手里吸收经验的过程中，印度公司付出了相当大的努力。最为重要的是，它们获得了很多系统集成的相关知识。从长远来看，这比一系列的竞赛重要得多，因为印度的公司在他们原有的知识基础上收获了更多的诀窍和能力。而这些努力获得的好处便是，越来越多的印度公司在新型战舰项目中构建重要系统这一方面取得了长足的发展。

运转

当“什瓦利克”号开始服役的时候，它已经在几乎所有的方面都具备了战斗能力。除了导弹需要在服役之后才能

→ 这两张图中拍摄的是“萨特普拉”号在美国与印度海军联合军演的过程。此次军演是年度“马拉巴尔”训练项目（Malabar training programme）的一部分。这两艘P–17护卫舰自从开始服役以来便经常参与各种部署任务，远至中国和日本。而最后一艘P–17级护卫舰，“希亚德里”号也加入了这个家族。（美国海军）

进行测试以外，几乎所有的武器都经过了测试性发射。在战舰开始服役之前，马扎岗船坞有限责任公司（MDL）付出了很大的努力来减少未解决问题和需要改正的瑕疵（所谓的D-448造船厂不足之处）的数量。[10]随后，“什瓦利克”号需要完成“印度舰队司令海上训练”的评估，并在与西方舰队共同作业期间达到全面运转的状态。

P-17级护卫舰将为位于维沙卡帕特南（Visakhapatnam，Vizag）的印度东方舰队服役。这与在印度“着眼东方”的观念驱使下注重印度东方舰队发展的政策是相一致的。它被认为是为了应对来自中国的日益增长的人民解放军海军能力的威胁。根据他们的归纳，这两艘已经开始服役的护卫舰参加了多次演习。例如，“什瓦利克”号于2011年9月参加了印度、斯里兰卡联合进行的SLINEX军演；在2012年4月，“萨特普拉”号与美国海军一同在马拉巴尔演习；5月，“什瓦利克”号与其他两艘战舰以及一队油轮参加了印度海军年度南亚部署行动。

P-17级护卫舰的第三艘“希亚德里”号本应于2012年3月31日交付。然而它并没有按时完成。其最终的交付时

间为 2012 年 6 月 25 日。

依据任命的指挥官的评论判断，海军设计指挥部（DND）十分出色地完成了 P–17 项目的设计工作。在今后的道路上，从这一项目中吸取到的经验和教训将成为未来印度海军水面战舰的基础。在操作上，印度海军将逐步学习如何全面开发已有的隐身性能，来在潜在对手面前获得战术优越性。

尽管在战斗损伤控制系统和完全集成的战斗管理系统以及远程空中防御等方面，该级别护卫舰可能还达不到与其他战舰尖端技术同等的水平，而它们的隐身特性却早已旗鼓相当。另外，“什瓦利克”号以及它的姊妹舰的性能绝对比大多数潜在的敌方军舰 [例如巴基斯坦的 F–22P“佐勒菲卡尔”（Zulfiqar）级护卫舰] 更强。

P–17A项目

当马扎岗船坞有限责任公司（MDL）交付了该级别最后一艘护卫舰——“希亚德里”号之后，P–17 项目便会随之结束。这个项目将被一个更为先进的 P–17A 项目取代。在该项目中，印度海军将会订购 7 艘军舰——4 艘将由马扎岗船坞有限责任公司（MDL）负责建造，另外 3 艘则将由总部位于加尔各答的加登里奇造船工程有限公司（Garden Reach Shipbuilders and Engineers Ltd., GRSE）设计并建造。据报道称，该项目的整体费用（包括造船厂中现代化基础设施的费用在内）共计将超过 4500 亿卢比（80 亿美元）。每艘军舰的预期建造费用将超过 400 亿卢比（7.5 亿美元）。在早期的预测中，该级别的首艘军舰将于 2016 年交付。但考虑到建造合同到现在还没签订，这一日期显然是完全不现实的。

P-17A 级军舰的隐身性能将比它们的前任更加优越，包括一个鱼雷清除设备、一个被覆盖的停泊甲板以及安装有垂直导弹发射台的齐平甲板。该舰的天线数量将因为一个多功能雷达系统的使用而大大减少。这样的设计将为如何保证整艘军舰的摆动稳定性提供一些更好的选择。

据海军设计指挥部（DND）所言，P-17A 护卫舰将使用 P-17 级护卫舰的船体结构，但是它将比先前级别的护卫舰略大且略重一些——最多增大百分之五左右。这暗示着它的长度应该在 154 米左右，而其吨位则在 6500 吨左右。

印度海军已发布的一些图像提供了一些关于新级别护卫舰上的战斗系统的信息。为地对空导弹准备的单臂式发射台已经不再被使用。相反地，它被替换成立能够适配诸多类型导弹的垂直发射单元。值得注意的是，一根局部集成的主桅上似乎安装有埃尔塔（Elta）公司的 EL/M-2248 MF-STAR 雷达，这意味着对 Barak 8 型远程地对空导弹的使用已在计划之中。海军也有可能使用由印度和俄罗斯共同开发的“布拉莫斯”(BrahMos)超音速巡航导弹。和 P-17 级护卫舰一样，Barak 1 型导弹和 AK-630M 舰炮的组合将是尖端防御的中坚力量。作为可为布拉莫斯导弹提供追踪数据的 GarpunBal 型雷达，泰勒斯（Thales）Smart-L 雷达也不失为一种选择。反潜（ASW）武器则包括了两座 RBU 6000 发射台和鱼雷发射管。

↓ 两张电脑合成的P-17A级护卫舰设计概念图，该级别护卫舰将在未来取代P-17级护卫舰。相比于它们的前任，它们将在隐身性能和武器系统方面有着更为显著的提高。（印度海军）

最近有报道称印度海军因为P-17A级护卫舰而对美国海军宙斯盾防空作战系统(包括SPY-1F雷达和SM-3导弹)的采购非常感兴趣。一旦这个想法成真，Barak 8型远程地对空导弹计划或许真的就要展开了。

为了减少建造时间并且提高生产效率，P-17A级护卫舰将被设计为大型的、能预先进行舾装的模块化结构。马扎岗船坞有限责任公司（MDL）称护卫舰将在计划建造时间内（36个月）由12个模块组装而成。船只龙骨的铺设将以6个月的时间为间隔依次进行。而加登里奇造船工程有限公司（GRSE）方面的生产工作则将在马扎岗船坞有限责任公司（MDL）开始这个项目6个月之后开始进行。

更为综合的电脑工程工具的使用会对设计、项目管理以及战舰寿命周期有很大的帮助。为此，意大利芬坎蒂尼(Fincantieri）公司赢得了一个合同，它将会负责为P-17A型设计的模块化工作提供设计支持和技术援助。

P17A级护卫舰的建造合同在2012年推出。马扎岗船坞有限责任公司（MDL）是主要造船厂，因为他们在建造大型船只方面有着更为丰富的经验。然而，马扎岗船坞有限责任公司（MDL）与加登里奇造船工程有限公司（GRSE）究竟能否在计划的时间内交付这些船只还有待进一步的观察。

注释

[1] 作者先前的关于P15系列的综述可以在Delhi Class Destroyers: An Overview of India's Project 15, Project 15A and Project 15B Series中找到，该文章发表于《2011年世界海军评论》（巴恩斯利，Seafourth出版社，2010年）第102页至第119页。

[2] 这个信息来自K KVarma司令的Naval Construction in India: 50 years of the Corps ofConstructors一文，参见《印度海军》一书。该书是自行出版的，可以在以下的网址中找到：http: //www.scribd.com/

doc/6346892/Naval-Construction-in-India。

[3] Vaidyanathan上将在这个过程中的作用在近期海军中将G M Hirandani出版的Transition to Guardianship, The Indian Navy1991-2000（新德里，Lancer出版社，2010年）一书内有进一步的涉及。

[4] P-17级护卫舰的复杂性是基于以下的事实：每艘船需要4000吨D-40S型钢铁，有超过10km的管道工程以及超过500km的电缆。

[5] 一些消息来源称，P-17级护卫舰基本上完全是由获批生产的钢铁在印度被加工至达到D-40S规格之后建造而成的。然而，这一消息可能并不准确。印度自主生产的替代品——DMR 249A/B型钢铁在其他军舰中也有所应用，特别是在P-15A型驱逐舰、P-28型反潜轻型护卫舰以及P-71国产航空母舰上。

[6] 可以参见调查周期截止于2010年3月的2010-2011年度第32号报告Performance Audit of Indigenous Constructionof Indian Naval Warships [新德里，印度主计审计长公署（ComptrollerandAuditor GeneralofIndia，CAG），2011年]。

[7] 印度海军非常关注提升其以网络为中心的作战能力，并且打算结合从印度空军预警机和勘测卫星上获得的数据来以帮助部队对远程目标实行打击。

[8] 海军中将RajeshwerNath发表于Indian Defence Review（新德里，Lancer出版社，2010年）第25章第二节的Shivalik: India's NewGeneration Warship一文。文章的电子版在下面的网址上可以找到：http://www.indiandefencereview.com/defence-industry/SHIVALIK-Indias-New-Generation-Warship.html。

[9] 在通风设备交付的时候，“什瓦利克”号的船体与上层建筑已经建好，因此通风设备必须拥有便于拆卸的能力以便于其通过大门和舱口。能够登船的通风设备的最大尺寸为800毫米×600毫米。

[10] “什瓦利克”号在交付时拥有140个D448组件。而在该级别第三艘“希亚德里”号上，这一数据已经不足50个。这都是由马扎岗船坞有限责任公司（MDL）在交付前不足一年的时间内改良得来的。

[11] 除了上述列出的资料来源之外，这一章节还得益于海军设计指挥部（DND）以及印度海军公布的宣传材料。同时，巴拉特的国防信息网站（http://www.bharat-rakshak.com/）以及阿贾伊·苏克拉的信息博客（http://ajaishukla.blogspot.co.uk/）也提供了一些有用的相关信息。

N91796
DANGER
NORTHROP GRUMMAN

2

技术进展

2.1

世界海军航空部队的最新发展

作者　截维・霍布斯

简介

↓ 图中，洛克希德马丁公司（Lockheed Martin）制造的F-35B“闪电Ⅱ”型联合攻击战机在2011年10月的初次军舰适用性测试中降落在美国海军的两栖攻击舰“黄蜂”号上。在过去的一年中，F-35项目仍然继续占据着海军航空固定翼飞机方面新闻的头版头条。[洛克希德马丁公司（Lockheed Martin）]

在过去的一年中，F-35“闪电Ⅱ”（Lighting Ⅱ）联合攻击战斗机继续占据着海军航空固定翼飞机方面新闻的头版头条。但是，在那些标志着航空器发展却遭到推延的问题与巨大的预算削减的共同作用下，美国F-35战机的订单正逐渐减少；与此同时，英国仍然在继续犹豫应该购买哪一种F-35战机。更为普遍的是，两栖飞行器所提供的灵活性吸引了诸多重大投资。因此，本章节将呈现现今在这一领域中各国海军能力的概况。

航母舰载飞行器

在 2012 年 2 月发布的《2013 财政年度预算》中，由 11 艘航母和 10 个舰载飞行联队组成的美国海军核心舰队遭到了国防开支的大幅缩减。而从 2013 年“企业”号（CVN–65）退役到 2015 年“杰拉尔德 · R. 福特”号（CVN–78）完成建造这两年期间，美国航母数量将降至 10 艘。2013 年的预算中要求为美国海军和海军陆战队准备 192 架航空器，比 2012 年的 221 架略有减少。其中包括 26 架 F/A–18E/F“超级大黄蜂”战机、12 架 EA–18G“咆哮者”（Growlers）战机，但只有 6 架 F–35B 以及 4 架 F–35C“闪电 II”联合攻击战机。此外，为 X–47B 无人战斗飞机系统验证计划（UCAS–D）提供资金的计划仍将继续，该计划将在 2013 年的航母兼容性试验过程中展示世界上第一次由无人机进行的甲板降落。然而，衍生出来的航母舰载空中侦查与攻击无人机——UCLASS，却将它原定的首次运行能力测试推迟到 2018 年至 2020 年间。这可以在短期内节约资金，尽管这一决定也间接反映了这样的现实：原来对测试日期的估计过于乐观了。更多的节约措施将通过对诸多飞机的延期购买（包括 69 架 F–35B 和 F–35C“闪电 II”系列）来实现。除了这些短期的费用缩减，美国海军（USN）还希望通过不在飞机被拖延的开发过程中对陆续出现的问题进行修正的方式在更长的时期内节约更多的资金。表 2.1.1 总结了美国海军（USN）整体的飞机采购计划。

↑ 图中，一架来自马里兰州帕图克森特河海军航空站（Naval Air Station Patuxent River）的美国海军F/A–18F“超级大黄蜂”（Super Hornet）正在进行AGM–88E先进反辐射导弹（AARGM）的飞行测试。尽管它的生产在2014年财政年度年末就要终止，“超级大黄蜂”现在仍然被大量地订购。（美国海军）

同时，来自美国海军航母的战机在阿富汗为北约部队执行了约 40% 的近空支援任务。在这期间，F/A–18“超级大黄蜂”被认为是最高效的战斗轰炸机。而它的最佳伴侣——EA–18G“咆哮者”电子攻击机正在以每年两个空军中队的

表2.1.1　美国海军计划的飞机购买：财政年度2012到2017

类型	任务	2012财政年度[1]	2013财政年度	2014财政年度	2015财政年度	2016财政年度	2017财政年度	未来2012–2017财政年度
基于航母的固定翼飞机								
F–35B“闪电Ⅱ”联合攻击战机（JSF）	战斗轰炸机（具备短距起飞和垂直降落能力（STOVL）	6	6	6	6	9	14	41
F–35C“闪电Ⅱ”联合攻击战机（JSF）	战斗轰炸机（航母舰载）	7	4	4	6	9	14	37
F/A–18E/F“超级大黄蜂”	战斗轰炸机	28	26	13	—	—	—	39
EA–18G“咆哮者”	电子作战	12	12	—	—	—	—	12
E–2D“先进鹰眼”	侦查、控制	5	5	5	7	6	7	30
陆基固定翼飞机								
P–8A“海神”	海上巡逻	11	13	17	20	20	13	83
C–40A“快帆”	运输	—	—	—	—	—	1	1
KC–130J“大力神”	运油飞机	1	0	2	2	2	2	8
旋翼机								
AH–1Z“超眼镜蛇”/UH–1Y“毒液”	攻击、通用	31	28	27	27	26	31	139
CH–53K“超级种马”	大型起重机	—	—	—	—	2	2	4
MV–22B“鱼鹰”	运输	30	17	18	19	19	18	91
MH–60R“海鹰”	海洋控制	24	19	19	31	38	—	107
MH–60S“海鹰”	多功能	18	18	18	8	—	—	44
无人机（UAV）								
MQ–8“火力侦察兵”	侦察	12	6	7	7	8	6	34
MQ–4 BAWS（海上广域监视）“全球鹰”	海上巡逻	0	0	3	4	4	5	16
小型战术无人飞行系统（STUAS）[2]	战术侦察	0	5	5	5	0	0	15
教练机								
T–6A/B“德克萨斯人”2型	训练	36	33	31	0	0	0	64
总计		**221**	**192**	**175**	**142**	**143**	**113**	**765**[3]

备注：

1. 财政年度2012年的数据与先前批准的购买情况有关；而从2013年到2017年的数字则来自于2013财政年度预算计划相关。
2. STUAS：Small Tactical Unmanned Aircraft System，小型战术无人飞行系统。
3. 相比于先前的购买预案中要求的842架飞机，这里减少了77架。

速度替换 EA–6B 战机。这种 EA–18G 战机也被认为相当高效，并且深受驾驶员的欢迎。

在 2012 年 11F 舰队与位于兰迪维索（Landivisiau）海军航空基地的 12F 舰队合并之后，法国海军将从 2013 年起开始运行其第二支装备有“阵风”（Rafale）M 型战机的小型舰队。该战机的最新版本被认为是多功能战机，并且在 2011 年舰载于“戴高乐”号航母上在利比亚执行任务时获得了显著的成功。17F 舰队是最后一支使用“超级军旗”（SEM）战机的舰队，并将继续使用该型号直到 2015 年全部被替换为“阵风”M 型战机，这为法国海军提供了一个强大的轰炸攻击机编队。海军航空队则拥有着一个灵活的战机组合：E–2C 战斗空间管理战机以及直升机。法国海军航空部的全体人员都接受了美国海军（USN）的训练——虽然他们的飞机并不能完全胜任在美国航母上的运行，但是他们仍然这么做了。对于在拥有一个经过仔细推敲的长期计划的前提下，在合理的花费之下可以收获什么样的效果这样一个问题而言，2013 年的法国海军部便是一个很好的例子。

俄罗斯航母“库兹涅佐夫”号为北方舰队提供了它曾在 2012 年演示过的部署能力。第 279 独立舰载战机海军航

↓ 图中，2012年3月，美国海军的第一艘核动力航母“企业号”（CVN–65）在大西洋执行它最后一次任务。在这艘55岁的航母退役之后，美国海军航母数量将迎来短暂的减少，降至10艘。（美国海军）

→图中，拥有印度标志的俄罗斯米格-29K单座战机以及米格-29KUB前后座战机停在俄罗斯“库兹涅佐夫”号航母上。俄罗斯在最近订购了24架该型战机，而印度则希望在2012年年底“维克拉姆帝亚”号（Vikramaditya）交付的时候能够获取该型战机。（俄罗斯米格航空公司）

空团拥有着苏-33战机和苏-25 UTG教练机两种战机。在地中海为期三个月的部署时间里，这两种战机总共出动100余架次。尤值一提的是，一位飞行员在此期间完成了他的第一百次甲板降落，这使他成为该团的第四个“百夫长”。此外，空军大队的卡莫夫Ka-27直升机出动了200余架次（其中80次是在夜里进行的）。这些数字都说明了俄方对“库兹涅佐夫”号的使用在很大程度上是为了保持其活力，虽然很多人相信俄罗斯海军正在研究新型航母的建造方案，并且已经在最近订购了20架新型米格-29Ks以及4架米格-29KUBs战机。据悉，这些战机与那些为印度生产的战机十分相似，并将于2013年到2015年间完成交付。

目前，印度在2013年达到54岁的航母“维特拉”号（先前英国皇家海军的“赫尔墨斯”号）上运营着“海鹞”FRS 51型战机。然而，注意力却越来越多地被集中到更大型的“维克拉姆帝亚”（Vikramaditya）号航母（前身为苏联的“海军上将戈尔什科夫”（Gorshkov）号航母）身上。该航母在2012年期间进行了海试，并且于2013年开始进行与舰载米格-29K战机进行配合。国产的“维克兰特”号航母也已经进入了新的建造阶段，但是距离完工仍然需要若干年的时间。虽然米格-29K战机现在是印度海军的主力战机，但部队还是展现出了对46架印度国产的“光辉”（Tejas）轻型战机的渴求。这种由印度航空有限公司（HAL）开发研制的海军战机的原型“光辉”号采用了通用电气（GE）公司生产的F404发动机作为动力，并于2012年4月27日进行首次飞行。经过印度航空有限公司（HAL）的测试之后，它将进入INAS Hansa海军航空基地进行航母兼容性测试。甲板降落测试则按照计划于2013年进行。但这类飞机的批量生产却很有可能会包括一个装备有更强劲的通用电气（GE）公司F414发动机的Mark 2版本。印度空军的Mark 1版本已在2012年从现役部队中全部清除。

意大利和西班牙使用的都是AV–8B“鹞”式战机。目前西班牙海军并没有宣布它的取代计划但是很快就必须做出决定，因为它现役的战机在本十年末就很可能会达到使用寿命的尽头。意大利政府则计划购买131架F–35“闪电Ⅱ”战机——这个计划暂时是这样分配的：69架F–35A战机以及62架F–35B战机。其中，海军将分配到22架F–35B战机用以取代16架AV–8B“鹞”式战机的工作。尽管其国防预算在2012年被削减成了紧缩措施，并且订购的F–35战机的数量也下降到了90架，但是意大利海军的款项看起来大都将保持原封不动。[1]

↓注意这两幅图中的区别！2010年战略防务与安全审查（SDSR）决定为其中一艘新型“伊丽莎白女王”（Queen Elizabeth）级航母加装弹射起飞式甲板（CATOBAR）。该行动的费用引发了大量的关注，这直接导致英国在2012年开始重新考虑购买具有短距起飞、垂直降落（STOVL）能力的F–35A型战机。这些图片分别展示了可供选择的配置：最终拥有短距起飞、垂直降落（STOVL）能力的战机赢得了胜利。[英国航空航天系统公司（BAE）]

在美国海军的支持下，巴西也证明了它拥有一个小而有效并基于航母之上的海军航空编队。巴西海军是南美最大的海军。尽管它唯一的一艘航母——“圣保罗”号已经年迈，在经过大面积翻新之后，它仍可以运行至多 39 架各种类型的飞机。2013 年，巴西空军部队拥有了 12 架 A-4KU“大鹰”型战机，这为军方提供了可靠的空中打击能力以及一个可供延展的坚实基础。巴西海军从美国海军（USN）处购买了 8 架过剩的 C-1A 运输机，其中至少有 4 架将经过巴西航空工业公司（the Empresa Brasileira de Aeronáutica，Embraer）的升级处理，用以进行空中加油和舰载输送任务。它们最初的“莱特”R-1820 活塞发动机将被替换成霍尼韦尔（Honeywell）公司的 TP331-14GR 涡轮旋桨发动机。

在 2010 年损失了“皇家方舟”号和“鹞”式战机之后，英国皇家海军（RN）做出了积极的响应——与美国海军签署了一项协议。该协议中，英国将提供资金使得其飞行员、操作小组、空中交通控制官员、工程师、飞机操作员、武器供应小组以及气象研究员能在美海军的航母上工作。按照计划，人员数量将从 2013 年开始显著地增加，因为他们需要获得知识和技能来操作完成后的“伊丽莎白女王”（Queen

↓ 最初的英国F-35“闪电2”战机的“B”STOVL改进型于2012年4月13日进行它的第一次飞行。（洛克希德马丁公司）

← E-2D“先进鹰眼”预警机继续向着它的初始运行能力靠近。这幅图片展示了2011年年初该型战机第一次着陆在“杜鲁门”号航母（CVN-75）上的情景。（诺斯洛普·格鲁曼公司）

Elizabeth）级航母。飞行员则将驾驶F/A-18E战机并且于2012年在美国海军的“约翰·C.斯坦尼斯”号（CVN-74）航母上完成第一次战斗巡回。2013年皇家海军（RN）将拥有比“鹞”式战机联合部队更多的海上飞行员，因为除了那些在美国海军（USN）服役的之外，英国飞行员在法国海军联系驾驶阵风战机。关于在至少一艘“伊丽莎白女王”(Queen Elizabeth）级军舰上安装舰载机起飞弹射装置和拦截索的决定，是2010年战略防务与安全审查（SDSR）中出现的最为敏感的决议。执行这个决议旨在利用航母上极易安装这些设备的性质。安装应该是一个相对简单的操作，但是这项工作令人吃惊的费用却在2012年早期就已经受到了大量批评。这导致英国不得不重新考虑重新采用具备短距起飞、垂直降落（STOVL）能力的F-35B联合攻击战机来解决短期的成本变动问题。看到这个价格的美国专家都表示十分惊奇，不能够理解这么大的数字是如何产生的。[2]

舰载机起飞弹射装置和拦截索能使得英国航母能够在一个明显更低的寿命损耗下高效地运行更多的飞机；能使得航

母运行协议义务规定下的美国海军以及法国战机；能使得航母在中长期时间内运行诸如 X–47B 及其衍生型飞机之类的无人机。对 F–35B 战机的购买将拯救因安装舰载机起飞弹射装置和拦截索产生的短期费用问题，但是这会在所有的其他方面增加成本，并且可能丧失一些包括刚刚与美国海军及法国展开的密切合作在内的优势，因为英国皇家海军（RN）难以成为其可靠的海事合作伙伴。同时，试图出售诸如 26 型护卫舰等英国设计的下游效应可能会变得十分地明显。众所周知，F–35B 的变型战机无法在装载着大量武器装备的情况下进行垂直降落，因此它不得不选择在以高重量状态着陆之前投弃昂贵的精密制导武器，或者在英国的资助下开发“滑行垂直着陆”能力（但是这项开发至今还没有具体的时间规划或成本预算）。无论如何，2012 年 5 月 10 日，英国宣布军方将对预先的战略防务与安全审查（pre–SDSR）计划做出以下改变：选择运行 F–35B 战机，其理由为航母改造的费用比预期的费用要高出许多；很可能将 F–35C 型战机的使用推迟至 2023 年之后进行；极有可能在没有转换费用的条件下同时运行两艘航母。在新计划之下，生产的 F–35B 型战机将于 2016 年起开始交付，并且先于 2020 年英国恢复

→ 该图拍摄于2011年，图中，英国皇家海军海王式ASaC7直升机被调度至阿富汗执行任务。（2012年，英国皇家国防部版权所有）

航母操作固定翼飞机的能力之前，从 2018 年起在“伊丽莎白女王”（Queen Elizabeth）号上开始进行测试。

与此同时，研发问题仍在整个 F–35 项目上笼罩了一层阴影。而由于不同部门使用不同的计算方式，国际客户都难以理解每艘战舰的造价，这在华盛顿引起了一番争论。美国海军的大卫 · 文莱特中将是这个项目的项目经理。2012 年年初，他对这个项目做出了几点解释：目前的主要问题在研发阶段完成甚至是被完全理解之前建造好产品的机身。“同时开发”意味着产品的机身在经过修改使得测试中发现的不足得以矫正之前是不能够使用的，而其中一些缺陷早已被证明属于结构缺陷，需要大量的改进工作。在积极的一方面，他说对他而言，问题的关键不在于“是 F–35 型或不是”，而是“多少数量和多少时间”。国防部长利昂 · 帕内塔甚至已经取消了他的前任下达的试用 F–35B 型战机的命令。从 2013 年美国海军预算建议书中折射出的延期购买计划中，我们可以看到美国海军正在等待答案的公布，并且很有可能建造更多的 F/A–18 战机（运行至 21 世纪 30 年代）来填补短期内的空缺。[3]

而在消极的一面中，文莱特中将整理出了一份“快速调

←图为意大利海军“HEW”空中预警型直升机（阿古斯塔韦斯特兰公司生产的AW101直升机早期的衍生型），依稀可辨其增大的雷达室。该型号直升机现已从全面运转的战机中清除。（阿古斯塔韦斯特兰公司）

查报告”（QLR）。报告中强调了一系列需要在F-35型战机能够被公开宣布服役甚至只是供训练使用之前需要解决的重要设计问题。这些问题包括飞行员头盔式显示器的系统问题；燃料倾倒系统的失败；用以取代原来2200型设计的集成动力组件的失败（使用了13个小时组件就发生了瘫痪）；迎角过大会产生极度冲击的问题以及F-35C战机上停机钩的设计问题。国际客户需要在确认订单之前决定他们准备承担何种级别的设计成熟度以及在这样的单位造价下他们可以承担多少架飞机。

空中监视及控制

2013年，在经过一系列的评估（包括2012年舰载于“进取”号航母上的一段时间以及参加了的多次军事演习）后，E-2D“先进鹰眼”战机正接近着海军期盼的初始运行能力。美国海军（USN）计划买进75架该型战机以在未来的10年中逐渐取代E-2C型战机。然而，作为一种节约成本的措施，购买9架E-2D战机的计划已经被拖延5年了。而E-2C战机也开始由法国海军接手——法国海军与诺斯洛普·格鲁曼公司签订了订购4架战机的合同并且要求将前3架升级为最新的标准。而第4架飞机则将是翻新后的前美国海军E-2C

↓ 经过现代化改装后的梅林HM2型飞机和先前的HM1版本并没有太大不同，但是其任务系统得到了极大的提升。第一批该型飞机将于2013年被交付使用。（阿古斯塔·韦斯特兰公司）

←2012年2月8号，一艘被部署在“辛普森”号（FFG-56）护卫舰上的“火力侦察兵”无人机在西非海岸准备执行夜间任务。2012年3月30日“辛普森”号上的一架该型号飞行器坠毁，随后不久其第二架MQ-8B型飞行器也在阿富汗坠毁。这些事件直接导致这一型号飞行器被弃用。2011年6月，第三架该型飞行器在利比亚被击落。（美国海军）

型战机，原因是位于佛罗里达州的圣奥古斯汀工厂的生产线已经被换成了 E-2D 型战机的生产工具。此外，英国和西班牙均将运行珍贵的“海王”式战机版本，而意大利则使用全新的 AW101 梅林战机的改进型（该型战机在 2012 年才被完全从作战用途中清除）。该战机主要的传感器为塞莱斯伽利略公司（Selex Galileo）制造的 HEW-784 型雷达，其特征是一个增大的雷达天线罩。它已经被证明拥有在 162 海里之外探测水面船只的能力，并且拥有在探测到高速掠海导弹时被激活的警报模式。为了能够稳定地对水面目标进行分类和识别，工作人员还研制了高分辨率逆合成孔径雷达来进行成像。俄罗斯还运营着装配有固态 Oko E-801 监控雷达的预警直升机——卡莫夫公司的 Ka-31 RLD 直升机。印度海军已经购买了 9 架该型战机的出口版本，而据报道称中国也购买了这种类型的战机。

英国皇家海军在海王式 ASaC7 型战机的建造上积累了大量的经验，并继续以在阿富汗（在这里，水侦雷达被证明拥有勘测陆地小型移动目标，包括人、动物或是车辆的能力）的一支空军中队（共两只）作为其基础。按照现在的计划，空军中队将于2014年撤回。而其他的作战空军将被外派去执行援助舰队的任务。“海王”式战机将在2016年退役。在过去的10年中，国防部一直在研究该战机在海上侦查与控制（MASC）系统下的替换选择，但这一项目花费了大量的成本却收获甚微。不过，这种需求（现在被命名为“瞭望台”项目）已经在2012年5月14日被纳入英国10年防御采购项目。随后的报道中，洛克希德马丁公司的“警觉”吊装式系统成为最被看好的方案。

海上控制直升机

2013年，法国、荷兰和意大利继续在改进他们的NH-90海上控制直升机的全面运行能力。但是皇家澳大利亚海军（RAN）在2011年购买SH-60R“海鹰”直升机的行为则展现了其智慧：对于一个中等规模的海军而言，购买成熟的、可以在交付开始之后很快就能够全部运行的现代直升机无疑是一个很好的选择。皇家澳大利亚海军（RAN）将收到24架“海鹰”直升机作为Air 9000计划第8阶段的一

↓ 2012年年初，全新的AW159型“野猫”直升机开始在英国皇家海军23型护卫舰“铁公爵”号上进行试验。这张摄于2011年11月的照片显示的是早期它在更大型的“百眼巨人”号战舰上进行从海面降落试验的场景。（阿古斯塔·韦斯特兰公司）

部分来取代现有的16艘“海鹰”S-70B2直升机和失败了的“海怪”直升机。最初的两架直升机将于2014年抵达，并被用来推荐该型战机服役。作战部署将于2015年开始，这24架飞机将最终能够同时为至少8艘包括“澳新军团”（ANZAC）级护卫舰以及新型防空驱逐舰在内的战舰配备一架战斗直升机。剩下的直升机将被派往位处瑙拉的海军航空站用作训练、诊断检查以及确定常规的维修周期。在皇家澳大利亚海军（RAN）服役的飞机都配有“地狱之火”空对地导弹、灵活安装的机关枪以及Mark 54型鱼雷。后者也将装配有一个新型武器系统，这是皇家澳大利亚海军特别为“海鹰”而使用的。

由阿古斯塔韦斯特兰公司制造的新型皇家海军“野猫”直升机的原型机ZZ 402，于2012年在23型护卫舰“铁公爵”号上进行了成功的海试，它在2013年要达到的目标是实现甲板着陆。为此，该型直升机总共进行了390次甲板着陆，其中148次是在晚上进行的，这其中又有76次使用了夜视仪护目镜。在28架直升机的订单中首批生产的飞机被要求在2013年交付到尤维尔顿皇家海军航空兵基地的海军航空中队

↓美国海军目前正在研制一种改进后的无人机——MQ-8C火力-X无人机。该机采用贝尔407型设计的机身。2012年4月23日，诺斯罗普格鲁曼公司接到了一个价值2.62亿美元的合同来建造两架实验模型以及6架成品机。（诺斯罗普格鲁曼公司）

手中。而操作评估过程则将贯穿2014年使其能在2015年拥有初始运行能力。最先生产出的2架梅林HM2直升机将在2013年与皇家海军(RN)合作,与最多10架直升机同时在“脉冲线路”上飞行。这种新型的直升机每6周便可交付一架给皇家海军。每架机身的修正将花费8个月的时间，而执行新标准的第30架和最后1架战机则将在2014年12月完成。尽管一线的空军中队将于2013年开始驾驶HM2型直升机，他们需在2014年年初才能获得战机的初步运行能力。

在这个被视为转变的一步里，MQ–8B“火力侦察兵”无人机会从载于美国海军护卫舰“辛普森”号（FFG–56）之上的HSL–60快艇中分离出来，于2012年年初在非洲执行巡逻任务。MQ–8无人机由两名工作人员控制，其中一名空中飞机操作员（air vehicle operator，AVO）以及一名坐在军舰指挥中心临近的控制台边上的任务载荷操作员（mission payload operator，MPO）。空中飞机操作员（AVO）负责飞机的安全、航向以及回归到甲板上的行动。而任务载荷操作员（MPO）则负责引导该机的任务系统并将飞机收集到的实时情报、监控以及侦察信息交给指挥中心以及包括同盟国在内的其他联网的平台。

↓ 美国P–3波塞冬型设计的印度P–8I改造型海上巡逻机在2011年9月进行了第一次飞行。订单中的12架该型飞机计划将从2013年开始进行交付。

“辛普森”号上的无人机分遣队包括两架无人机以及 4 名空中飞机操作员（AVO），3 名任务载荷操作员（MPO）以及 15 名技术水手。每架无人机的飞行时间都可达 8 个小时，而在重要时期，操作员会被分为多组来保证对大面积的海域及陆地无间断地进行全面覆盖。为支持美国海军陆战队在阿富汗的行动，其他的 MQ–8B 无人机分遣队会在岸上同时工作。但是不幸的是，这两方面的部署在 2012 年上半年都遭遇了意外并且被“无限期的停止运营”。并且直至本文写作时，所有的“火力侦察兵”无人机还都处于运行禁令中。第一次事故在 2012 年 3 月 30 日的晚上发生在非洲西部地区 ：一架“辛普森”号上的无人机在回归时无法锁定该舰的自动归航信号。在一系列故障排解方案和尝试无果后，MQ–8 无人机最终耗完燃油，并且在护卫舰的安全距离外被军方丢弃以结束这次飞行。随后它被“辛普森”号“相对完整地”修复了，现在用被作深入的搜索调查。

第二次意外出现于阿富汗 ：一架 MQ–8 无人机于 2012 年 4 月 6 日发生了坠机事件 ；有消息来源称敌军的行动不太可能会是坠机事件的原因并且无限期的飞行禁令将会持续有效直至这两起事故的原因均被查明。除了“辛普森”号上的

← 一张第一架MQ–4C无人飞机在2012年早期的最后组装阶段的珍贵照片。它将同美国海军波塞冬P–8A型飞机一起完成广域海上监视任务。其第一次飞行将在同年随后的时间里进行。（诺斯罗普·格鲁门公司）

第二架无人机以及其他位于阿富汗的无人机之外，2012 年计划在“克拉格林”号（FFG–42）上部署无人机部队的计划也被中断了。自动归航系统的失败，无论出于什么样的原因，都对舰载无人机在安全和经济操作方面提出了相应的质疑。在无人机被广泛部署之前，这些问题都亟须解决。

美国海军正在研发无人机的升级版本——MQ–8C。该型无人机使用了与 MQ–8 无人机相同的航空电子设备，但却采用了一个基于贝尔 407 型设计的较大机身来提供更好的持久力和更大的有效载荷。原计划中的中距离海上无人机系统（Medium Range Maritime Unmanned Aerial System，MRMUAS）已被美国海军取消，其原因之一是为了在 2013 年的预算中节约两亿美元的资金。但是我们有理由相信这一举动的主要原因是军方认为 MQ–8C 型无人机在经过研发后可以逐渐地达到相同的要求。

↓ 一张摄于2012年4月大西洋上的美国海军“大甲板”式“硫磺岛”号两栖攻击舰（LHD–7）的照片。它上面装载了一个满编制的空军大队。照片中的飞行器包括AV–8B“鹞”式战机、MV–22B“鱼鹰”式倾转旋翼机和CH–53E“超级种马”直升机。其中，MV–22B被存放起来的方式特别有趣。

海事巡逻飞行器

第一架 P–8A 波塞冬型海上巡逻机（BuAir 编号

168428）已于2012年间交付给了美国海军VP–30部队（位于佛罗里达州杰克逊维尔海军航空站的“the Pro’s Nest”）进行训练。而原型机则将继续在马里兰州的派突森河海军航空站执行飞行任务。军方计划在2013年取得该型巡逻机的初步运行能力，而新飞机则将以一月一架的速度交付直到这个“破纪录的项目”中的117架飞机全部完成。印度海军订购了12架P–8I巡逻机。其中，第一架飞机已于2011年试飞，并将于2013年交付。在合适的时候，印度海军将再订购12架该型飞机使得最终的订购总数达到24架。除了这些飞机之外，印度海军还向9家不同的公司进行了信息咨询以寻求订购6架中程海上侦察（MRMR）机，并利用其中3架以上的飞机构建“三层海上监控系统”的中间层。该系统的外层将由P–8型飞机进行巡逻，中间层由中程海上侦察（MRMR）机控制，内层则由现存的道尼尔228型飞机巡逻[此外，小型无人机(UAV)也很有可能被使用]。中程海上侦察(MRMR)机并不需要拥有反潜的能力，而是集中于海上监控以及搭载反舰导弹的能力。被选中的飞机将取代印度海军目前的12架“布里顿－诺曼岛人”(Britten–Norman Islander)巡逻机。

↓虽然英国皇家海军已经不再使用“鹞”式战机，但美国海军陆战队却仍然在使用这种机型。这张图片展示的是两架来自海军攻击中队（VMA）542的AV–8B鹞式战机将在“基尔萨奇”号（LHD–3）两栖攻击舰上降落的场景。（美国海军）

波音公司正是那 9 个被咨询的公司的其中之一，并且可能会呈交一架装配有简化版航空电子设备的 P-8 轻型改造型飞机。

美国海军的 P-8A 型巡逻机将和 MQ-4C 型无人机合作一起承担起广域海上监视（BAMS）的任务。第一架 MQ-4C 飞机已于 2012 年首飞，它的多功能主动传感器（MFAS）曾在湾流公司的二号试验台上进行过测试。在经过 2013 年一系列更加深入的评估之后，该型飞机预计能够从 2015 年开始正式服役并运作。值得一提的是，其中的 4 架飞机将会进行单“轨道盘旋”的任务。美国海军希望最终可以建造起 5 个这种轨道，但这将需要 68 架 MQ-4C 型无人机来维持整个项目的生命周期。

澳大利亚已经宣布它打算在本十年的末期购买 P-8A 型巡逻机来替换其现役的 P-3 型飞机，并将征用一批 P-3 型飞机的操作员来驾驶 P-8A 型飞机。俄罗斯海军在 2012 年接收了一架升级版的 IL 38N“五月”型飞机并将其分配给了位于塞沃洛摩斯克的北方舰队第 7050 海军航空基地。对这架飞机的升级包括了一个诺维娜传感器组件（该组件包含了高分辨率热成像系统、改良后的雷达、磁场异常探测器以及光学探测设备和追踪设备）。据悉，俄罗斯海军目前拥有约 40 架现役的“五月”型巡逻机，并且计划将它们都升级到最新的标准。

两栖战争

能够使两栖部队通过直升机登陆的大型甲板战舰仍然在大量生产中。它们拥有众多能力：远程航行并抵达潜在敌国的海岸；在需要的时候帮助海军抵达特殊目的地（甚至是内陆）；提供近距离空中支援以及作为后勤补给中心。此外，它们还能充当陆基飞机的通信指挥中心和战术控制台。

美国

美国海军和海军陆战队拥有超过世界上其他所有国家联合起来的两栖作战能力。目前，他们拥有 9 艘常规两栖攻击舰 / 多功能两栖攻击舰以及大量不需要其他联合部队增援的飞机和直升机。8 艘“黄蜂”级多功能两栖攻击舰构成了美国海军两栖部队（ARGs）的核心。值得一提的是，其上搭载了一支由 6 架 AV–8B“鹞”式攻击机、12 架 MV–22B“鱼鹰”旋翼机（或 CH–46“海上骑士”直升机）、4 架 CH–53E“超级种马”直升机、3 架 UH–1Y“毒牙”直升机和 4 架 AH–1Z“蝰蛇”直升机组成的海军航空分队。此外，它还可以搭载执行特定任务的飞行器，例如 40 架 MV–22B 战机或者 20 架 AV–8B“鹞”式战机以及相应的后勤和武器增援。事实上，若搭载 20 架 AV–8B 战机，这种两栖攻击舰将比一些国家的航母更有破坏力，这也进一步论证了这些大型战舰跨界运行的潜力。位于船尾的通用登陆舰或者气垫登陆船足以搭载包括坦克在内的任何车辆。船上的远征部队总人数在 1900 人左右。大量的医疗设施（包括 6 个装配齐全的手术室）能同时治疗 600 名伤员，这使得这些战舰在人道

↓ 这张拍摄于2011年10月3日的图片展示了第一架F–35B型战机降落在两栖攻击舰“黄蜂”号（LHD–1）上的情景。美国海军陆战队继续高度重视F–35B和它的短距起飞、垂直降落能力。（洛克希德·马丁公司）

主义援助行动中发挥着重要作用，特别是当需要长时间操作大量直升机的时候。目前，年迈的“塔拉瓦”（LHA-1）级常规两栖攻击舰“琉璜岛”号（LHA-5）仍在继续服役，但是新型常规两栖攻击舰的首舰“美国”号（LHA-6）没有在 2013 年完成交付，因为它需要进行一些必要的设计改动。完成后的“美国”号将大大改善美国航空设施现状以更好地利用美国海军陆战队（USMC）的新型战机。此外,2 号舰“的黎波里”号（LHA-7）的订单在 2010 年就已下达。但是为了节约经费，3 号舰（LHA-8）将被推迟到 2017 年的财政预算中。

表 2.1.2 中为我们展示了美国现役两栖战机的情况。美国海军陆战队对 F-35B 战机仍保持着高度的重视。而且考虑到它能够短距起飞并垂直下降的能力与两栖作战的场景息息相关，我们难以判断其昂贵的第 5 代隐形战机在被合理运用之下的价值。公开打击敌方指挥和防空体系的任务在短期内将由核潜艇发射的战斧导弹和 EA-18G 电子战机完成，

↓ 图中，一架即将从军队退役的美国海军陆战队“鱼鹰”MV-22B倾斜旋翼机正在支援其在伊拉克的训练行动。由劳斯莱斯AE-1107发动机驱动的巨大旋翼看起来运行效果相当不错。（波音公司）

表2.1.2 美国两栖战机

机型[1]	AV-8B “鹞II”型战机	F-35B “闪电II”型战机	MV-22B “鱼鹰”式倾转旋翼机	CH-46E “海上骑士”直升机	CH-53E “超级种马”直升机	AH-1Z “毒蛇”直升机
制造商	波音公司	洛克希德·马丁公司	贝尔公司/波音公司	波音公司	西科斯基公司	贝尔直升机公司
任务	近距离空中支援	近距离空中支援	攻击/运输	攻击/运输	重型运输	攻击
类型	固定翼喷气机	固定翼喷气机	斜旋翼式飞机	旋翼式飞机	旋翼式飞机	旋翼式飞机
长度	14.1米	15.6米	19.2米	25.7米（旋翼）	30.3米（旋翼）	17.8米（旋翼）
翼/转子跨度	9.2米	10.7米	11.6米（25.8宽度）	15.5米	24.1米	14.6米
最大起飞重量;	14,100kg	27000千克	27400千克	11000千克	33400千克	8400千克
发动机	1×RR F402-RR408	1×PW F-135[2]	2×RR AE-1107	2×T85-16	3×GE T64-GE416	2×GET700-GE-401C
	推力105千牛顿	推力191千牛顿	每个4600千瓦	每个1400千瓦	每个3300千瓦	每个1300千瓦
最大速度	585节	马赫1.6	305节	145节	150节	220节
作战半径	300海里	> 400海里	> 250海里	> 130海里	50海里[3]	125海里
作战雷达	AN/APG-65（AV-8B+）雷达	AN/APG-81雷达	—	—	—	AN/APG-78“长弓”雷达
武器/负载	7个武器安装点	11个武器安装点	24名海军陆战队队员（座位）	25名海军陆战队队员（座位）	1辆装甲车	1门20毫米口径的加农炮
	25毫米机关炮	25毫米机关炮	9000千克内在载荷	[14 套战斗装备]	1门 M-198榴弹炮	6个武器安装点
	大量弹药	大量弹药	6000千克外部载荷	4000千克有效载荷	大约14000千克有效载荷	大量弹药
		多种机枪	多种机枪	多种机枪		
人员	1名飞行员	1名飞行员	2名飞行员，1～3机组人员	2名飞行员，3名机组人员	2 名飞行员，1～3名机组人员	2名飞行员

备注： 1. 数据来源于制造商的文档以及其他公开信息，由于公布的信息存在相当大的差异，数据应只是被视为参考。 2. 还有1个RR升降系统。 3. 最大起飞重量。

而在2020年后，这个任务将被转交给无人攻击机执行。多功能两栖攻击舰上的6架F–35B战机，在任何情况下都不足以达到除了最基本的反抗之外的必要效果。在其主要的近距离空中支援行动中，它们需要同非隐形直升机和斜旋翼飞机一同合作，并且必须卸掉那些会使其无法隐形的悬挂式外部弹药。然而，美国海军陆战队仍将这类飞机作为唯一的一个STOVL项目发展，因此他们必须忍受其不必要的复杂程度以及高昂的造价。遗憾的是，在过去的20年里，原来的STOVL项目（F–35B战机就是从此演化而来的）一直在与其他政党的“银弹”战机项目进行竞争。

F–35B型战机研发的推迟导致了美国海军陆战队不得不在2020年后继续使用AV–8B战机，但是这种状况因为英国用纳税人的一小部分钱采购了72架GR9“鹞”式战机而得到了缓解。这笔资金的其中一部分可能会被用于购买AV–8V战机来取代航空中队里过时的美国海军陆战队战机，

↓ 两架AH–1Z“毒蛇”直升机在飞行训练中展示了自己极佳的运送沉重装备的能力。这种机型目前正在取代现役部队中更早的机型。（贝尔直升机公司）

而剩下的会被留作备用。与此同时，F-35B 型战机的船舶适应性试验于 2011 年秋天开始进行，这回军方派出了 BF-2 和 BF-4 两架试验飞机在“黄蜂”级两栖攻击舰上进行测试。随后在 2012 年期间，第一架 F-35B 战机将和美国海军陆战队 VMAT-501 训练中队一起抵达在佛罗里达州的埃格林空军训练基地，于 2013 年开始了训练计划。

2013 年期间，MV-22B 战机继续取代美军现役的 CH-46 战机——虽然为了节约资金，一个包含了 24 架 MV-22 战机的订单被推迟到 2013 年以后进行。此外，新的或翻新后的 AH-1Z 和 HU-1Y 直升机仍在继续取代现役部队中更早的机型。

CH-53K 直升机是西科斯基公司正在研发的一种“clean-sheet'”机型，它将被用于取代现役的 CH-53E 直升机。CH-53K 直升机采用“遥控自动驾驶仪”对机身进行控制，同时由 3 台通用电气公司的 Ge38-1B 涡轴发动机（每台功率达到 5600 千瓦）驱动。第一架处于研发状态的该型飞机（共两架）在 2014 年首飞，并随后于同年抵达美国海军陆战队 VMX-22 测试与评估中队进行测试以验证新的直升机能否在悬挂有 12300 千克物体时于高温严酷的环境下正常运行。进行这一测试的原因很简单——就像大家知道的那样，对于美国海军陆战队希望在未来能将包括火炮、车辆以及后勤补给在内的远征部队在一夜之间运抵遥远的着陆地点并随后维持其运行的愿望而言，直升机拥有足够大的载重量非常重要。

英国

英国的两栖预备集团（ARG）[现在被归入更广义的英国快速反应部队任务组（RFTG）的概念中] 在 2010 年的国防审查中遭到了巨大打击——在 2013 年，它只能拥有十分

表2.1.3　英国两栖武装直升机

机型[1]	HC4“海王”	HC4“梅林”	AH9A“山猫”	HC2-4“支奴干”	AH1“阿帕奇”
制造商	阿古斯特维斯特兰	阿古斯特维斯特兰	阿古斯特维斯特兰	波音	阿古斯特维斯特兰
服役	皇家海军	皇家海军	皇家海军/陆军航空兵	英国皇家空军	陆军航空兵
任务	突击/运输	突击/运输	进攻/突击	突击/运输/升降	攻击
类型	旋转翼飞机	旋转翼飞机	旋转翼飞机	旋转翼飞机	旋转翼飞机
长度	22.2米（旋翼）	22.8米（旋翼）	15.2米（旋翼）	30.2米（旋翼）	17.8米（旋翼）
翼/转子跨度	18.9米	18.6米	12.8米	18.3米	14.6米
最大起飞重量；	9700千克	14600千克	6000千克	22700千克	8200千克
发动机	2个RR Gnome H-1400发动机 1200千瓦每个	3 个RR/Turbomeca RTM322发动机 1700千瓦每个	2个LHTEC CTS800-4N发动机 1000千瓦每个	2个Lycoming T-55-L-712发动机 2800千瓦每个	2个RR/T RTM322发动机 1700千瓦每个
最大速度	125节	165节	160节	160节	150节
作战半径	>250海里	>250海里	290海里	>300海里	>120海里
武器/负载	20名海军陆战队队员 3000千克外部负重 多种机枪	24名海军陆战队队员 4000千克外部负重 多种机枪 机关炮	9名海军陆战队队员 1000千克外部载荷 4个武器安装点	大约50名海军陆战队队员 10000千克外部载荷 多种机枪	1辆装甲车 1挺30毫米口径机关炮 4个武器安装点 大量弹药
人员	1~2名飞行员，1~2名机组人员	1~2名飞行员，1~2名机组人员	1~2名飞行员，1~2名机组人员	2 名飞行员，1~2名机组人员	2名飞行员

备注：1. 数据来源于制造商的文档以及其他公开信息，由于公布的信息存在相当大的差异，数据应只是被视为参考。
2. 英国皇家空军目前运行的早期版本在改造后会被转交给海军。

有限的作战能力。直升机航母“海洋”号接受改装，仅仅留下“光辉”号这一艘直升机两栖攻击舰继续工作。与“光辉”号共肩作战的还有一艘两栖船坞运输舰“堡垒”号和三艘皇家辅助舰队运营的“海湾”级辅助性两栖船坞运输舰。后者家族中的第四位成员被售给了澳大利亚，并且已成为澳大利亚皇家海军的“查勒斯”号。当“海洋”号重新归队的时候，“光辉”号便会随之退役。

表格 2.1.3 很好地总结了英国现役两栖战机的情况。“海王”HC4 直升机从 1981 年以来就一直在英国皇家海军直升机突击部队（CHF）服役，但是它却不得不在 2016 年正式退役。海军直升机突击部队一直是英国直升机联合部队（JHF）的一部分。目前，国防部正计划将现役于直升机联合部队的空军“梅林”MC3 直升机替换为波音公司的新产品——“支奴干”CH-47 直升机。并且随后，这些“梅林”级直升机将替代“海王”级直升机在海军直升机突击部队服役。然而不幸的是，“梅林”直升机仅仅局限于空军的操作性能使得它们根本无法在海上飞行。因此若想能够安全飞行，军方必须对其做出巨大的改进。此外，这些直升机已经 10 岁了，海军必须采取一些升级措施来使得它们能够服役到 2025 年。它们将配备基于梅林 HM2 型设计的“玻璃座舱”以及相同

↓ 最近，英国皇家空军从波音公司订购了一架新型“支奴干”HC6重型直升机。这个机型将使得梅林运输直升机转而服役于皇家海军。此外，“支奴干”直升机也会被作为直升机联合部队的一部分在海军直升机航母上服役。（波音公司）

类型的电动折叠主旋翼和尾桨。其他必要的改进之处还包括了对浮筒式起落架、直接通话电讯设备、雷达应答器和系绳点的装配。一旦改造完成，它们将被命名为梅林 HC4 型直升机并于 HM2 型直升机一起进行支援和训练。2012 年，12 名皇家海军与皇家海军陆战队的飞行员以及 35 名飞机工程师与技术人员参加了尚未完成改造的梅林 HC3 型直升机的训练行动。但是国防部并没有宣布 HC4 型直升机具体的完成时间，这使得该领域在 2016 年后可能会开始出现一些能力上的空白。

由英国皇家海军陆战队运营的“山猫”AH9 直升机是一种具有战场侦察能力并且能够运载少量人员进行战略转移的轻型攻击直升机。英国海军一直以来都缺乏载重直升机与攻击直升机，因此直升机联合部队其他的直升机都需要满足这一要求。英国空军的“支奴干”直升机缺乏折叠叶片并且对“光辉”号和“海洋”号上的升降机而言其体型过大，这使得它们变得难以操作。不过，“伊丽莎白女王”号的侧翼升降机的大小却足够使直升机可以在适当的时候展开旋翼降

↓ 英国皇家海军最后一艘航母“光辉”号现在正被当作一艘两栖直升机航母使用。它于2014年退役。（康拉德·沃特斯）

落。此外，陆军航空部队从2010年便开始着手练习对阿帕奇AH1直升机的使用，并且成功地操作着这个机型于2011年在利比亚完成了作战任务。

其他国家

法国的两栖作战能力可以说是仅次于美国的。它拥有3艘排水量为20000吨的“西北风”级两栖攻击舰［在法国内部它被称为“Batiment de Projection et de Commandement”（指挥及规划中心）或者“BPC”］。这些战舰的规模是美国同时代舰艇的一半左右，每一艘都能装载16架NH–90直升机和450名士兵（在严峻条件下可以容纳900人）并且可以存放包括13辆主战坦克在内的60辆武装装甲车。这些装甲车可以通过通用登陆舰或者气垫登陆艇从码头登陆。西班牙仅有的一艘排水量为27000吨的两栖攻击舰“胡安·卡洛斯一世”号所具备的能力在一定程度上介于法国和美国两者的设计中间。并且澳大利亚皇家海军正在着手购买两艘与其十分相像的“堪培拉”级两栖舰；其中一号舰于2014年4月开始服役。[4]此外，韩国拥有比“西北风”级战舰略小的两栖攻击舰，而

↓图中，西班牙的新型两栖攻击舰“胡安·卡洛斯一世”号正在海上航行。两艘交付给澳大利亚海军的姊妹舰将会拥有很强大的两栖作战能力。（纳凡蒂亚公司）

许多其他的国家拥有自己的航母并在一些紧急情况下将其用作两栖作战。还有很多国家也拥有两栖攻击舰：但是相比于那些拥有大型甲板的两栖攻击舰，只能提供更有限的航空能力，并且或多或少要依靠联合部队提供近距空中支援以及直升机进行攻击和战术转移。而大部分的海军陆战队在某种形式上也会扮演专业两栖作战部队的角色。

澳大利亚国防部队正在热切地等待着它的新型多功能两栖攻击舰的到来。陆军元帅戴维·莫里森上将在2012年皇家澳大利亚海军会议上谈到，这些战舰将会以其前所未有的指挥、控制和支援能力成为海军作战体系的一个组成部分。他补充道，这些新型战舰拥有着更加强力的武器系统并且他们所具备的能力可以被看作是两栖作战部队海、陆、空三大元素的联合效应。空军元帅杰夫·布朗中将补充说，澳大利亚皇家空军（RAAF）将会全方位地支持澳大利亚海军的作战任务。澳大利亚没有海军陆战队，却又拥有着一支基于澳大利亚皇家陆军二营而建的陆军战斗组，这个战斗组拥有跨领域的作战和其他必备能力，在未来它将被训练并真正发展

→2011年12月，一架法国EC725“美洲狮”运输直升机在参与法国的特种部队训练。该型直升机将被用于一些专门的运输和搜索救援任务。（欧洲直升机公司）

成一支两栖部队。并且这支能够被迅速部署的部队随后将会得到一个多功能战斗旅的增补。

目前俄罗斯也在制定使4艘“西北风”战舰开始服役的计划以谋求其作战能力的大幅提升。俄海军总司令弗拉基米尔·维索茨基上将在2012年曾宣布，前两艘如今正在法国建造中的战舰，将被命名为“塞瓦斯托波尔”号和“符拉迪沃斯托克”号。不过在建造过程中，该型战舰的生产技术会被转交给俄罗斯使得未命名的第3艘和第4艘战舰在本国的船厂中建造。据悉这4艘战舰都会配备法国SENIT–9战术数据系统，而它们的航空编队则会拥有卡莫夫公司的8架卡–52K和8架卡–29直升机。

表2.1.4中列出了除美国外其他国家海军具有代表性的两栖战机。因为“堪培拉”级两栖攻击舰的服役，澳大利亚将在2014年之后拥有很强的两栖作战能力。届时，MRH–90型直升机将在澳大利亚皇家空军和澳大利亚陆军航空团（AAC）作为主要攻击直升机服役，而这两大航空部队则会定期为“堪培拉”级两栖舰提供舰载直升机。其中，澳大利

←图中，一架欧洲直升机公司的“老虎”攻击直升机正和一架NH工业公司生产的NH–90战术运输直升机一起执行任务。这两种类型的直升机都可被用于两栖作战。（欧洲直升机公司）

表2.1.4　具有代表性的两栖战机——除美国之外的国家

机型[1]	MRH-90[2]	S-70A “黑鹰”	EC 725 “美洲狮”	卡-29 “HELIX” B型	AH1 “阿帕奇”
制造商	NH工业集团	西科斯基公司	欧洲直升机公司	卡莫夫公司	卡莫夫公司
国家[3]	澳大利亚	澳大利亚	法国	俄罗斯	俄罗斯
任务	攻击/运输	攻击/运输	救援搜索/运输	攻击/运输	攻击
类型	旋翼机	旋翼机	旋翼机	旋翼机	旋翼机
长度	19.6米（旋翼）	19.8米（旋翼）	19.5米（旋翼）	11.3米	14.2米/16米（旋翼）
翼/转子跨度	16.3米	16.4米	16.28米	15.9米	14.5米
最大起飞重量：	10600千克	11100千克	11000千克	12000千克	10800千克
发动机	两个RR/博美卡公司RTM322发动机 每个功率1700千瓦	两个GE T700-GE-701C发动机 每个功率1400千瓦	两个博美卡公司Makila 2A1发动机 每个功率1800千瓦	两个Istov TV3-117发动机 每个功率2800千瓦	两个基利莫夫VK-2500发动机 每个功率2400千瓦
最大速度	160节	195节	170节	145节	195节
作战半径	>300海里	>125海里	300海里	250海里	200海里
武器/负载	20名士兵 4000千克外部负重 2500千克内部负重 多种机关炮/加农炮	10-15名士兵 4100千克外部负重 4700千克内部负重 多种机关炮	最多29名士兵 4700千克外部载荷 外部武器安装点 多种机关炮	至多16个士兵 4000千克外部载荷 多种机关炮/加农炮	1门30毫米口径的加农炮 4个武器安装点 大量弹药
人员	2名飞行员，1名机组人员	2名飞行员，1名机组人员	1～2名飞行员，1～2名机组人员	2名飞行员，至多2名机组人员	2名飞行员

备注： 1. 数据来源于制造商的文档以及其他公开信息，由于公布的信息存在相当大的差异，数据应只是被视为参考。
2. MRH-90型直升机是根据NH工业公司的NH-90型设计改进而成的澳大利亚版本（由欧洲直升机公司的子公司澳大利亚宇航公司在澳大利亚生产）。
3. 与数据相关的国家——很多被列出来的机型是由许多国家共同完成的。

亚皇家空军将在2012年下半年重新委任808海军航空中队来操作MRH-90直升机，并将其作为专业的两栖直升机部队负责研究舰上降落的最好方式。由澳大利亚宇航公司获批生产的MRH-90型直升机是由NH工业公司生产的战术运输直升机（TTH）的变型产物，而战术运输直升机（TTH）则又是NH工业公司为法国、意大利以及其他国家生产的NH-90直升机的改造型设计。此外，澳大利亚陆军航空部将使用“支奴干”直升机（类似于英国直升机联合部队所配备的那些）来提供重型货物装载功能。与此同时，它在2014年仍将继续运行S-70A“黑鹰”直升机。这种机型也会提供一些对比：其他国家都在两栖舰上操作“黑鹰”或者“海鹰”直升机并且具体情况十分相似。

定期会被派往舰上工作的专业法国空军中队配备了一种欧洲直升机公司的“美洲狮”EC725直升机：对于其他那些可以登舰进行两栖作战的法国攻击直升机而言，该型直升机的详细参数极具代表性。“西北风”级两栖攻击舰也将操作一种NH-90型直升机的改造型设计——战术运输直升机，这种直升机类似于澳大利亚空军的MRH-90型直升机以及欧洲直升机公司的EC665“老虎”攻击直升机。目前，服役于俄罗斯的这两种类型直升机数量很小，但是在2015年第一艘新型两栖攻击舰服役之前，海军将下达新的订单并制定一个增强的训练计划来壮大这支部队。

注释

[1] 本书第2章4B节对意大利海军作了一个很好的综述。有报道称，意大利空军已经成功地将意大利海军22架战机的小型订单缩减至15架，因为这些飞机将和它自己配备的F-35B战机分享使用现有的基础设施。

[2] 据文章报道，将第2艘“伊丽莎白女王”级航母“威尔士亲王”号

转造为带有弹射器的弹射起飞式甲板（CATOBAR）的军舰［该舰还配备了新型美国电磁飞机发射系统（EMALS）］这一项目将要花费20亿英镑。英国国防部官员菲利普·哈蒙德在2012年5月10日宣布终止该计划的同时印证了这一数字。然而，《每日电讯报》的防务记者托马斯·哈丁在《每日电讯报》（伦敦，电讯传媒集团有限公司2012年3月24日）上发表的Aircraft carrier costs will be half what you think, US tells ministers一文指出设备仅仅会花费4.58亿英镑，而安装将会再花费4亿英镑。

[3] 一份2012年4月的新闻报道透露了一项有趣的进程：美国海军希望能在2030年之前用一种新型舰载战机取代现役的“超级大黄蜂”和“咆哮者”战机并正为此搜寻信息。一些分析人员认为如果F-35B型战机的问题不能被圆满解决，美军或将采取“B计划”。但事实上，目前美国政府看好的仍然是F-35型战机。

→图中，一架俄罗斯的“Halix”卡-27反潜直升机降落在美国海军“维拉湾”号巡洋舰上。从下个十年的中期开始，卡-28型设计的攻击/运输版本直升机将开始在“西北风”级两栖攻击舰上服役。（美国海军）

[4] 编者在另一本书Modern European Amphibious Assault Ships（伦敦，阿诺瓦图书公司，2011年）的80至93页上详细介绍了“西北风”级和“胡安·卡洛斯一世”级设计。

[5] 本章结合了众多杂志期刊上的内容，其中Air International, Flight, Jane’s Defence Weekly, Warship World和The Navy（澳大利亚海军出版社杂志）都提供了很好的深入阅读的资源。此外，下列出版物以及相关的飞机制造商和海军网站也能提供一些参考：

Gunter Endres 和Michael J Gething: Jane’s Aircraft Recognition Guide第五版（伦敦，柯林斯公司Jane's分公司，2007年）

Norman Friedman: The Naval Institute Guide to World Naval Weapon Systems第五版（马里兰州安纳波利斯，海军协会出版社，2006年）

Jane’s Fighting Ships多种版本（萨里郡科尔森市，HIS公司Jane’s分公司）

2.2

弹道导弹防御和美国海军

作者　诺曼·弗里德曼

简介

在过去的20年中，美国海军将拦截并摧毁飞行中的弹道导弹的能力发展到超过世界上其他所有海军的程度。这似乎是一个幸运的意外：在这一新能力刚刚变得成熟的时候，中国就宣布了一项新的弹道反舰导弹项目。美国计划的灵感来自世界各地弹道导弹数量的增加。即使当他们不能瞄准移动船只，他们也可以影响海军作战，因为海军经常要建立和使用固定的海港或者类似于港口的设施。

↓美国海军已经拥有了一种通过原有的“宙斯盾”作战系统和标准导弹拦截/摧毁在飞行过程中的弹道导弹的能力。如图，在2009年的测试中，“阿利·伯克”级驱逐舰“霍珀”号（DDG-70）发射了SM-3 Block IA型导弹。（美国导弹防御局）

无论是针对测试中的目标，还是针对一个不可预测的真实目标而言，该导弹系统都是成功的。2008年2月20日，一枚从“伊利湖”号巡洋舰（CG-70）上发射的导弹摧毁了一颗高度超过150英里的美国废弃侦察卫星。这一过程没有

←2008年2月20日，美国海军装备有“宙斯盾”系统的“伊利湖”号巡洋舰（CG-70）发射了一枚SM-3标准导弹来摧毁一颗废弃的侦察卫星。该卫星在返回地球的过程中可能会释放出有害的燃料到人口密集的地区，幸好这枚导弹成功地在太平洋上方约133海里的高空拦截了卫星的燃料箱，这也验证了“宙斯盾”弹道导弹防御理念在实战情景中的作用。（美国海军）

进行任何公开宣传。因为卫星上存在有毒燃料，它被摧毁后将进入大气层，从而影响到在其污染范围内的所有人。虽然卫星在规格上远远大于一个可在导弹的飞行器，但是它的不可预计的运动轨迹将使这个任务变得更加困难。按照计划，SM-3将直接击中目标，因为任何一种缓慢的破坏在太空中都是难以或者不可能存在的。因此，它不得不采取策略达到摧毁目标的效果。其速度约为每小时22000英里，比SM-3导弹遇到与弹道导弹相遇时的速度更大。随后，“宙斯盾”弹道导弹防御系统（Aegis BMD system）于2008年11月1日开始运转——它的第一批舰队在“太平洋闪电战”舰队演习中进行了导弹发射。

从某种程度上来说，“宙斯盾”弹道导弹防御系统是由简单的舰队防空直接发展而来的。它的使命是保护海上舰队和包括两栖作战目标区域在内的部分重要沿岸地区。许多弹道导弹例如现在被广泛使用的飞毛腿导弹，很有可能会威胁到这些区域以及其前方的港口设施。[1] 另一方面，也是更为重要的方面，“宙斯盾”弹道导弹防御系统能为一个地区提供战略性的防御能力，这将大大补充舰队对远距离区域的进攻能力。自从航母问世以来，海军能打击的不仅仅是敌军的舰队，甚至是敌方的领土。但是现在，在宙斯盾系统的帮助下，近海舰艇便能够做到保护本国领土不受其他国家的导弹攻击威胁。海军舰队的防空导弹从未提供过类似的功能，因为它们的射程实在是非常的有限。此外，舰队的战斗机也不能保护该国国土免受导弹的威胁。然而，攻击导弹却很有可能会通过近海拦截舰所控制的范围。

↓ 图为俄罗斯飞毛腿导弹发射器和运载车辆。飞毛腿系列战术弹道导弹已广泛出口。它们变成了很多类似导弹的代名词。伊拉克在海湾战争中对“飞毛腿”导弹的使用，对美国海军“宙斯盾”弹道导弹防御系统的发展有着显著的推进作用。（美国国防部）

这绝不只是保护盟友的问题。在中立水域中的舰队也可以拦截由一个国家向另一个国家发射的导弹。对于越来越多的政府来说，弹道导弹是最好的打击飞机的武器。它们只需要很少的人员，同时它们也是最难对付的。美国（及其盟国）经常喜欢在不直接干预战争的情况下，瘫痪其他一些国家的导弹系统。这早已不是新的手段。在 1980 年，美国和英国

派遣舰队到海湾地区，希望停止油轮战争并阻止伊朗和伊拉克扩大战争。那时候，两个国家都扣留了第三方运营的装载着对西方国家至关重要的石油的油轮，希望能够通过这项手段强迫西方列强站在他们这边。不难想象，如果是现代，在一场类似的战争中发射弹道导弹攻击油田或者第三方国家的其他资源，这将会给西方国家带来巨大的压力。类似的，如果可以做到瘫痪其弹道导弹系统并不对任何一个国家的领土进行直接打击，这就有可能能制止一场区域战争的爆发。事实上，其他任何形式的导弹防御设备都是由美国通过向战斗双方之一贩售武器来提供的。然而，如果作战双方都是美国的盟友的话，这种选择可能会很艰难。

历史起源

美国现行的海军项目事实上是里根时期战略防御计划（星球大战）的长远结果。这一战略防御计划很大程度上来说是一个武器购置计划。冷战结束后，美国在战略防御（即弹道导弹防御导弹）方面的兴趣逐渐转变成了美国及其盟国在前线布置的部队的防御计划。考虑到这个变化，“战略防御计划组织”被重新命名为“弹道导弹防御组织”（现在的导弹防御局）。这一项目在那时的负责人亨利·库伯特使将海军和空军加入到了 1991 年导弹防御法案中。他的理由是，这两者的加入可能会对反导系统的前沿部署做出很大的贡献。在库伯特使将海军加入战略防御计划不久之后，美国就对伊拉克发动了战争。

海军内部很多人员认为他们在做其他任务时的资金缺乏，因为在冷战时期资金已经被大幅度削减了。海军计划的支持者指出，海军不可能逃避弹道导弹的问题。就像在很多以往的战争中一样，海上力量在海湾战争中非常重要但是却经常被忽视。这场战争大部分是在陆地上进行的（虽然航母的力量很重要），但是大约90%的战力来自于海上。伊拉克在海上交通方面不构成任何威胁，除了在毗邻在战斗地带的海域——包括了一个位于沙特阿拉伯的非常重要的港口：朱拜勒。

在现代航运中，这只是一个港口，或者说只是一个集装箱码头，然而正是这种通常不被看好的因素往往会成为一场战役成功的决定性因素。运货商们改用了集装箱，因为它们比早期的开仓卸货的方式更有效率。集装箱操作需要非常专业的基础设施，比如桥式起重机和卡车等一些在现代很常见的设施（以及那些能使航运工作远离主要城市的设施）。这些设施庞大的成本使得海上贸易集中在了几个高效的海港。反过来，保护这几个关键的港口也成了航运保护中不可避免的一部分。但是显然诸如“飞毛腿”导弹这样的导弹，其远距离的射程已然能够威胁到战区的关键港口设施了。

↓这是拥有“宙斯盾”弹道导弹防御能力的巡洋舰“希洛”号（CG-67）和日本海上自卫队（JMSDF）在2009年9月拍摄的图片。美国海军的导弹防御计划很有可能取得极大成功，因为它已经发展成了一个围绕“宙斯盾”和“标准”导弹而建的舰队防空系统，而不是一个完全分离的辅助系统。（美国海军）

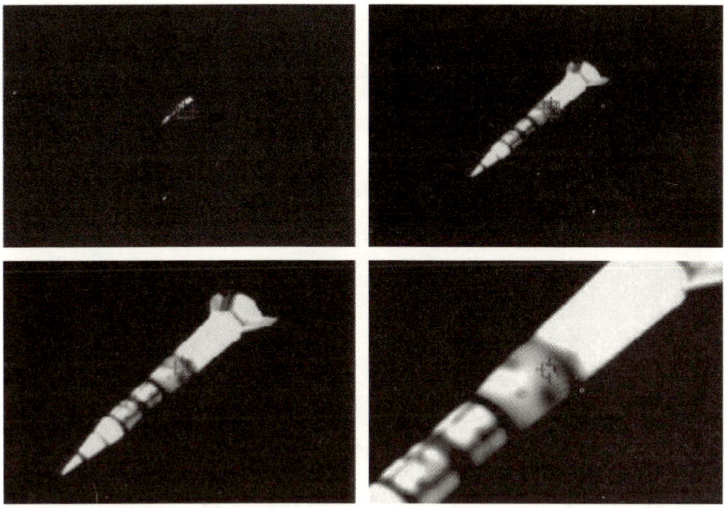

←尽管目前我们显然仍处于宙斯盾系统可以追踪弹道导弹目标的早期阶段，但对可以拦截目标的标准导弹的研发工作也是必不可少的。其中的研发工作包括一个不同类型的导航设备。位于SM-3型导弹弹头上的传感器可以创造出目标的影像，因此弹头可以选择自己的弹着点。以上4幅图是2002年1月25日的一次测试拦截过程中，实际传感器捕获的影像。（美国导弹防御局）

在海湾战争这一例子中，导弹防御项目的海军支持者指出伊拉克曾发射过一枚最终冲进海里的飞毛腿导弹——这一导弹落点在码头附近，而此时码头两侧停满了拥有海军陆战队飞行器维修设备的船。飞毛腿没有命中船只，却携带着伊拉克自己研发的化学弹头——一旦爆炸，它能使码头和集装箱设施全部停用并长期处于需要净化的状态。一旦码头失去其作用，整个对伊拉克的攻击行动都会受到影响。

系统研发

这一美国海军项目应该说是十分成功的，因为它从来不会牵连到其他海军核心任务的执行。然而，资源一直都是有限的。举例来说，海军已经没有条件来建造专业的导弹防御舰，因为他们知道他们无法为这个新任务得到足够多的额外经费。因此，海军弹道导弹防御方案的支持者们主张导弹防御军舰需要保留它们在其他海事方面的能力，它们应该像其他军舰一样被编入舰队之中。这个建议顺带着反对了海军先前想要进行的导弹防御的计划——一个关于建造专业导弹防御巡洋舰的提议。据悉，这些巡洋舰将会是约翰逊时期或尼克松时期国家导弹防御项目的一部分。事实上，这个建议充分考虑到了海军现状——海军导弹防御能力将建立在现存的舰队防空项目（宙斯盾系统以及标准导弹系列）之上，而不是一个全新的系统。由此，在规定中，弹道导弹就不得不依赖于现役的舰队防空系统——这个规定在后来被证明是具一定有价值的。采用该规定的原因有两个，一是现存弹道导弹防御项目的改进方式，二是由海军宙斯盾防空系统带来的军队内部灵活性。

起初的里根时代战略防御计划大体上是一个大型核武器计划，旨在利用太空中的核激光武器应付苏联在核武器袭击中大量发射导弹的情况。然而这种想法却最终失败了。因为核动力 X 激光发射器的研发难度远超想象。并且，美国政府似乎并不情愿违背禁止在太空中发展核武器的协议。最初的想法中，美军希望无视反核协议研发一个核导弹防御系统，并在苏联开始进行大规模攻击的时候将反导武器送进太空。这个想法还顺带着使海军产生了通过利用潜艇发射导弹从而加入战略防御计划的念头。但是很快，美军就发现想要通过及时将大量核反导武器送入太空来挫败一次大规模袭击这一想法几乎不可能实现，必须尽快找到相应的替代方案。

很久以来，人们一直对这样一个可供选择的方案很感兴趣：一个设备可以通过操纵自己实现与一个弹头相碰撞。事实上，战略防御项目的其中一个版本就是通过发射携带着这种设备的导弹去追踪大量被发射向美国的苏联导弹。在这种情况下，勘测、追踪以及拦截弹头的问题将在一定程度上得以简化，因为追踪的拦截器可以在相对较小的速度下接近他们的目标。当冷战结束之后，战略防御项目也一度被重新定位——美军希望能够依此处理在全世界范围内任何地点发射的弹道导弹弹头。问题似乎变得十分简单，因为再也没有谁能够进行像苏联那般规模的弹道导弹攻击了。

尽管并没有拥有拦截大批导弹的能力，防御工作仍然能在同一时间覆盖全球范围——这就意味着防御系统需要在太空内以十分分散的形式布置。此时，微电子学（通过使用红外线）已经使得缩减自动引导装置成为可能。并且美国微电子工业极高的生产能力使得这样的设备可以在一个合理的价格下进行大规模生产。因此，全球导弹防御计划的拥护者们建议应该运行更多的卫星，每个卫星携带若干个小型自动导航反导设备。这一理念被称作“智能卵石”（Brilliant Pebbles）：通过由导弹发射勘测卫星（智能眼）组成的网络使传感器激活设备。

尽管反导设备的成本相对低廉，但是若要完成设想中的大量部署，这却将变得十分昂贵。因此在很短的时间内，这一创意便被否决了。随着冷战的结束，于美国而言，再也没有什么迫近的威胁配得上其高昂的军费水平。然而，部署在一线的美国盟国部队以及美国自身部队却仍面临着导弹的威

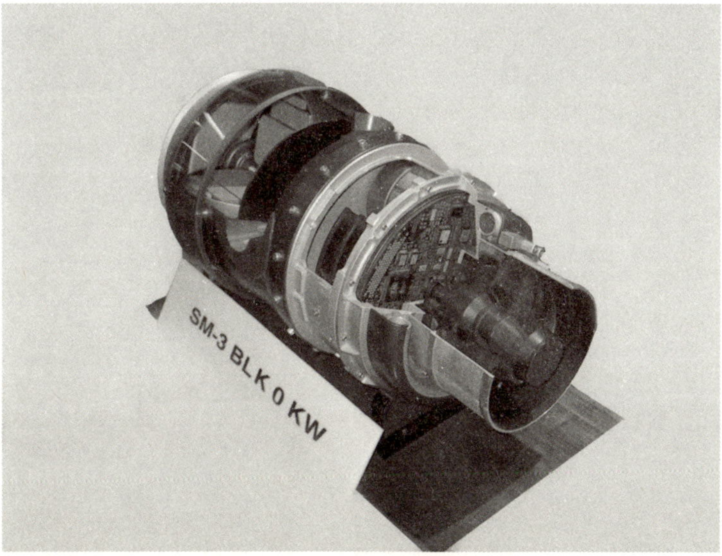

←SM-3型导弹的动能弹头（kinetic-energy warhead，KW）使用了一个红外成像传感器，可以在交战的最终阶段引导弹头驶向其目标。在这幅图中，传感器位于右侧，正对着观察者。弹头主体的周围是火箭的喷嘴（转移和控制系统），用来操纵弹头在合适的位置打击目标。（Raymond Cheung）

胁。因此，导弹防御项目逐渐转变成了采用新型自动寻的导弹的陆基系统。而正是在这一阶段，库珀特使呼吁美国海军参与到弹道导弹防御的项目中来。

关于海军加入该项目的第一个试验阶段就是验证它是否符合实际。在 1991 年的海湾战争中，位于海湾地区和红海的宙斯盾巡洋舰记录下了所有 SPY–1 型相控阵雷达勘测到的情报。但现行的反对弹道导弹防御的条约中包括了严禁利用强力雷达支持防御项目的详细条款，因此 SPY–1 型雷达受到了严格的限制来避免与这些条约规定发生冲突。没有人期望它去追踪伊拉克向以色列或沙特阿拉伯发射的飞毛腿导弹。然而战舰在海湾战争中的实战检验已经证明了它们可以勘测到飞毛腿导弹并且对其进行追踪。此外，由于 SPY–1 型雷达是基于软件的雷达，因此对它进行修正以追踪远程快

速移动的目标相对较为容易。而想要通过修正雷达以捕获导弹目标却十分困难。更不必说宙斯盾战舰还能接受其他传感器的辅助。这一点早在 1991 年海湾战争中便已成为现实：在美国卫星系统的提示下，爱国者导弹击中了迎面而来的飞毛腿导弹。

可行性的另一方面在于判断宙斯盾战舰能否经过改造来容纳有效的拦截器装置。战舰的发射室控制着标准导弹这一漫长进化过程可以追溯至 20 世纪 40 年代的产品。1991 年，美国海军退役了 SM–2 导弹射程被扩宽了的二级版本（该导弹不能从垂直发射台中发射），并且在此同时采用了具备相似能力并且使用了大量的新型无鳍助推器的新型二级版本 SM 导弹。这一改变的主要原因是二级 SM 导弹在改进后可以拥有在弹道导弹防御组织正在研发的寻的发射器上进行发

← 图为摄于1988年的美国海军“里奇蒙德·K.特纳”号（CG–20）巡洋舰。这艘巡洋舰曾用于“小猎犬”大气层外轻型射弹（LEAP）的试验中。该试验是基于宙斯盾系统的弹道导弹防御系统的先驱。（美国海军）

射的能力。为了做到这一点，它需要一个新型动力舱以及一个不同版本的导航设备。

在宙斯盾系统中，标准导弹是间接接受指挥引导的。宙斯盾系统需要同时追踪目标以及其控制的导弹。它可以命令导弹的自动驾驶仪来操纵自己进入寻的范围，一旦导弹出现在这个区域中，宙斯盾系统将立即开启一个单独的雷达波源，导弹则根据从目标身上反射回来的雷达波进行寻的工作。显然这对于追踪空间中的远程目标来说完全是不够的，因为标准导弹必须通过其尾翼面来进行自我控制。[2] 此外，舰载雷达波源也不可能产生足够强的信号来对设想中的远距离目标进行寻的引导。这就是终期的反导系统被要求必须拥有独立的对迫近导弹进行寻的导航的功能的原因。

无论如何，宙斯盾系统的基础理念是十分恰当的。寻的反导设备需要被安置到合适的位置以便锁定其目标。宙斯盾系统的核心功能是对战况的描绘。通常情况下，这一描绘的基础是 SPY-1 型雷达勘测到的情报，但是我们没有理由仅仅局限于使用这一特殊雷达得到的信息。有了这最关键的战况描绘，宙斯盾系统便能做出合适的指令。

“小猎犬”LEAP大气层外轻型射弹

为了探究还有什么内容值得研发，一项海军科学实验就此展开。“科学实验”一词指的是相对非正式的工作，因而可以很快地开展。少量现存的 SM-2 射程延伸导弹在前舱携带了一种由弹道导弹防御组织研发的自主寻的装置，我们称之为“LEAP”——大气层外轻型射弹（Lightweight Exo-Atmospheric Projectile，LEAP）。导弹前舱装配有 GPS 定位器，因此它们可以获知自己在太空中的位置，并将其报告给母舰。导弹巡洋舰“里奇蒙德·K. 特纳”号（CG–20）被选中参与这些实验。该舰拥有一个类似于宙斯盾的系统（但是没有 SPY–1 雷达）——该系统被称之为“新型威胁提升”系统（New Threat Upgrade，NTU）。1992 年 9 月 24 日的第一次发射试验中，改进后的“小猎犬”SM–2 导弹在无动力的第三阶段中达到的最远射程为 104 千米（约合 50 海里）。第二批次发射试验的导弹在第三阶段加上了动力，即使用了自燃的推进剂，但事实上这对一枚正在运行的导弹而言是不可接受的。试射过程一直持续到 1995 年，此时的“小猎犬”LEAP 大气层外轻型射弹已经被正式认定为是一个风险降低后的飞行演示程序——用以测试怎么样做才能生产出有效的反导武器。这个测试包括两次针对移动目标的导弹发射。然而，在该项目进行了约一半的时候，政府决定退役所有安装了“新型威胁提升”系统的战舰。这直接导致了“小猎犬”LEAP 射弹不能够最终被转化为一项实战武器。不过由于 SM–2 型导弹在配备了大型助推器后的表现完全能和巡洋舰发射的导弹相媲美，这项装备在目前仍然被用于演示宙斯盾系统以及远程版本的 SM–2 型导弹的性能。

“小猎犬”大气层外轻型射弹（LEAP）的发射证明了海军的弹道导弹防御（BMD）系统是可行的。然而与此同时，由于一些诸如数据处理错误之类的特殊问题，他们从未完全地成功过。由于舰艇的退役使得目前仅剩下了两艘配备有 LEAP 设施的船只，这一系列计划的发展受到了极大的限制。在最后一次测试中，由于电池的废弃或是连接器的损坏，大气层外轻型射弹（LEAP）项目还是失败了。尽管如此，这个项目还是存活了下来，因为它能在距目标 170 米时使对手没有察觉，而对于打击而言，这个距离已经足够接近。

“小猎犬”大气层外轻型射弹（LEAP）项目实验的道

路是十分崎岖曲折的。在大部分时间里，特别是在 2003 年布什政府决定研发国家弹道导弹防御系统之后，弹道导弹防御组织一直认为这个项目充其量不过是对陆基系统的辅助补充。然而随后的事实却证明了该系统比它的竞争对手——陆基系统更为可靠。[3]

宙斯盾弹道导弹防御（BMD）体系

海军坚持认为他们应该在现有的设备之外开发出一种全新的弹道导弹防御系统——宙斯盾系统以及 SM 系列导弹。所有的弹道导弹防御系统都拥有一个指挥控制中心。早在 20 世纪 90 年代，宙斯盾系统就被证明是成熟并且可信赖的。因此，在现有条件下继续发展其性能并不是一件困难的事情。此外，海军拥有的助推器以及 SM 导弹也同样有着非常高的声誉。而且宙斯盾系统可以完美地指挥这些能够通过空气动力学原理调整自己的 SM 导弹。

宙斯盾弹道导弹防御（BMD）系统中新加入的元素包括高动力版本的 SPY–1 型雷达、有动力装置的前舱以及大气层外轻型射弹（LEAP）。后者主要得益于弹道导弹防御组织希望它所有的导弹都装有通用的 LEAP 装置这样一个事实。在需要的情况下，所有的工作系统可以集中于整个系统的一小部分之上。通过对比我们可以发现，美国其他所有的弹道导弹防御（BMD）系统几乎都是全新的，因此他们的开发者不得不需要处理更多的不同类型的问题。但是采用宙斯盾系统并不能让工作量最小化。举例而言，弹道导弹防御组织允许大气层外轻型射弹（LEAP）的发动机（转移和控制系统）使用有毒的推进燃料，并且它甚至没有考虑到战舰上典型的冲击和震动的环境。大气层外轻型射弹（LEAP）

表2.2.1 宙斯盾弹道导弹防御测试记录

日期	导弹番号	发射船只	目标	是否命中	备注
2002年1月25日	FM-2	“伊利湖”号（CG-70）	单一目标测试装置——短程	是	SM-3 Block 0
2002年6月13日	FM-3	“伊利湖”号（CG-70）	单一目标测试装置——短程	是	
2002年11月21日	FM-4	“伊利湖”号（CG-70）	单一目标测试装置——短程	是	
2003年6月18日	FM-5	“伊利湖”号（CG-70）	单一目标测试装置——短程	否	最终的拦截阶段中出现了制导问题
2003年12月11日	FM-6	“伊利湖”号（CG-70）	单一目标测试装置——中程	是	
2005年2月24日	FM-7/FTM-04-1	“伊利湖”号（CG-70）	单一目标测试装置——短程	是	首次发射运行的SM-3 Block 1改进型导弹
2005年11月17日	FM-8/FTM-04-2	“伊利湖”号（CG-70）	分离型目标——中程	是	首次分离型目标测试
2006年5月24日	太平洋凤凰（Pacific phoenix）	“伊利湖”号（CG-70）	单一目标——短程	是	使用SM-2 Block 4型拦截器
2006年6月22日	FTM-10	“夏伊洛”号（CG-67）	分离型目标——中程	是	第一次使用SM-3 Block 1A导弹
2006年12月7日	FTM-11	“伊利湖”号（CG-70）	单一目标测试装置——短程	否	没有发射。宙斯盾系统追踪目标时发生错误
2007年4月26日	FTM-11 Event 4	“伊利湖”号（CG-70）	单一的A型宙斯盾战备评估运载器（ARAV）目标——短程	是	
2007年6月22日	FTM-12	“迪凯特”号（DDG-73）	分离型目标——中程	是	第一次使用DDG-51型驱逐舰进行发射
2007年8月31日	FTM-11a	机密	机密	是	
2007年11月6日	FTM-13	“伊利湖”号（CG-70）	单一的A型宙斯盾战备评估运载器（ARAV）目标——两个短程	是	两次成功地对两个目标进行拦截
2007年12月17日	JFTM-1	“金刚”号（DDG-173）	分离型目标——中程	是	第一次日本海上自卫队（JMSDF）拦截测试
2008年2月20日	燃霜（Burnt Frost）	“伊利湖”号（CG-70）	卫星US193	是	对报废卫星的拦截
2008年6月5日	FTM-14	“伊利湖”号（CG-70）	单一目标——短程	是	使用SM-2 Block 4型拦截器
2008年11月1日	太平洋闪电战（Pacific Blitz）	“汉密尔顿”号/“霍珀”号	弹道导弹目标——短程*2	是/否	一次击中，一次失败。舰队第一次开火
2008年11月19日	JFTM-2	“鸟海”号（DDG-176）	分离型目标——中程	否	最终的拦截阶段出现制导问题
2009年3月26日	星之匕首（Stellar Daggers）	“本福德”号（DDG-65）	弹道导弹目标——短程	是	使用SM-2 Block 4型拦截器
2009年7月30日	FTM-17	“霍珀”号（DDG-70）	单一的A型宙斯盾战备评估运载器（ARAV）目标——两个短程	是	
2009年10月27日	JFTM-3	“妙高”号（DDG-175）	分离型目标——中程	是	
2010年10月28日	JFTM-4	“雾岛”号（DDG-174）	分离型目标——中程	是	
2011年4月14日	FTM-15	“奥卡尼”号（DDG-77）	LV-2目标——中程	是	
2011年9月1日	FTM-16	“伊利湖”号（DDG-70）	弹道导弹目标——短程	否	SM-3 Block 1B型导弹的首次测试。火箭发动机故障
2012年5月9日	FTM-16 Event 2a	“伊利湖”号（DDG-70）	单一的A型宙斯盾战备评估运载器（ARAV）目标——两个短程	是	SM-3 Block 1B型导弹第一次成功的测试
2012年6月26日	FTM-18	“伊利湖”号（DDG-70）	分离型目标——中程	是	

备注： 1. ARAV指的是，宙斯盾战备评估运载器（Aegis Readiness Assessment Vehicle）。
2. 单一目标模拟导弹的弹头与助推器记录相连，正如飞毛腿型导弹的技术。
3. 分离目标模拟导弹的弹头与助推器分离——与朝鲜劳动党的技术工艺很相像。有趣的是，所有的日本海上自卫队进行的测试都提出了后一种导弹技术的质疑。
4. SM-2 Block 4型导弹的破坏力在于爆炸后产生的碎片而不是“击中即死亡”的拦截。

来源： 美国导弹防御局数据以及额外补充的信息来源。

的搜寻设备，至少在最初阶段，仅仅能与SPY-1型雷达的波束宽度相匹配，而仪器本身也并不能通过对整个波段的搜寻来获得其目标的定位。美国海军中弹道导弹防御体系的拥护者还需要大量的工作来克服外界的怀疑。

适用于宙斯盾系统的SM导弹被指定为SM-3导弹（RIM-161）。

2002年2月25日，美国军舰（USS）“伊利湖”号第一次完全成功地发射了宙斯盾弹道导弹防御（BMD）导弹，并对一个与飞毛腿导弹等同的目标进行了直接打击。2005年11月，同一艘战舰击中了一个等同于第三世界远程导弹的目标。对宙斯盾弹道导弹防御（BMD）导弹正式的派遣于2002年11月17日获得了批准，并在2004年开始行动。这一年，第一艘拥有宙斯盾弹道导弹防御（BMD）系统的战舰接收了部署任务。[4]

美国海军的理念是将整个系统划分区域进行研发，并且永远不选择一个全新的导弹，而是在每一次改进其中的一个元素。最初其用以抵抗诸如中国M-9型导弹（该导弹在1996年发射到台湾的近海中）等目标的性能是十分出色的。尽管它不能提供任何诸如系统的终极潜力之类的东西，但是它可以很快地被付诸实施并且能够起到应有的作用。而宙斯盾大气层外轻型射弹（LEAP）从一开始就提供了一个真实并且至关重要的性能，它拥有巨大的发展潜力，而且不需要对整个新系统进行大量的投资。其发展的空间包括提升其基于远程数据进行开火的能力，这对于远程导弹防御而言十分重要。最为关键的一点是如果将一个宙斯盾系统布置在距离威胁很近的位置，并且为其提供有由远程传感器发送来的数据，这个系统便可以为一大片区域提供防御措施。2009年，巴拉克·奥巴马总统宣布美国将把宙斯盾弹道导弹防御

←2005年2月，宙斯盾弹道导弹防御（BMD）系统的早期测试中，一枚标准的SM-3导弹由巡洋舰“伊利湖”号（CG-70）发射升空。这幅图为由大型助推器驱动的导弹的整体规格提供了一个很好的思路。事实上，这种大型助推器在垂直发射的标准SM-2导弹上也得到了应用。宙斯盾弹道导弹防御（BMD）系统研发过程中一直面临着的挑战是将弹头以及新型前舱压缩并安装到通常情况下仅装配有Mk115弹头以及制导传感器的SM-2导弹中。（美国海军）

177

2011年10月，日本海上自卫队（JMSDF）装配有宙斯盾系统的驱逐舰“爱宕”（Atago）号（DDG-177）与日本海上自卫队的其他军舰一起作业。日本成为宙斯盾弹道导弹防御（BMD）理念的忠实支持者，“爱宕”（Atago）号以及它的姊妹舰“足柄”（Ashigara）号（DDG-178）均将进行改装，和日本先前的“金刚”（Kongou）号（DDG-173）一起，成为弹道导弹防御（BMD）的中坚力量。（美国海军）

(BMD）系统部署到欧洲以参与到导弹防御的分段适应方案(PAA）中。分段适应方案能对欧洲提供即时保护，因为宙斯盾军舰可以被很快地部署到欧洲南部的海域中。最终的分段适应方案（PAA）中包括独立的传感器，诸如一个巨型陆基雷达，可以为部署中的宙斯盾系统提供信息（包括陆地上的系统)。

→与宙斯盾战斗系统相连接的SPY-1型雷达并不是构想中的弹道导弹防御的一部分。理想状态下，军舰应该拥有一个更为出色的雷达。美国海军曾研发出一个双频防空和导弹防御雷达（AMDR），该雷达最初装配在朱姆沃尔特（DDG-1000）级驱逐舰上。AMDR雷达包含一个雷声公司的SPY-3型X波段[北大西洋公约组织（NATO）为I/J波段]雷达以及一个洛克希德马丁公司的S波段（E/F波段）的大空域搜索雷达（Volume Search Radar，VSR），并使得两个雷达的前端共用同一个后端。理论上来说，大空域搜索雷达（VSR）可以捕获导弹目标，而SPY-3雷达将在兼容动能弹头搜寻器的特性的同时保证追踪的精确度。雷声公司的这个模型展现了防空和导弹防御雷达（AMDR）如何能够被成功装配在“阿利·伯克”级驱逐舰上。（诺曼·弗里德曼）

许多同盟海军对宙斯盾弹道导弹防御（BMD）系统都展现出了相当大的兴趣，其中最为主动的便是日本海上自卫队（JMSDF）——他们的驱逐舰都已经按照需求进行了升级[并且发射了宙斯盾弹道导弹防御（BMD）导弹]。2004年，日本“金刚”号（DDG-173）驱逐舰第一个进行了改装。荷兰的“特龙普”号以及西班牙的“门德斯·努涅斯”号在宙斯盾弹道导弹防御（BMD）演习中也进行了追踪目标的行动，但是他们并没有发射SM-3型反导弹武器。[5]除了运营配备SM-3型导弹的军舰之外，日本还参与了SM-3型导弹的合作研发以寻求未来的发展空间，例如可以更大程度地使用垂直发射室的体积，来实现更好的性能。

研发宙斯盾弹道导弹防御（BMD）系统的主要原因在于美国及其同盟国潜在的一些敌对国家拥有了越来越多的弹道导弹并呈现出了对陆地目标的威胁。然而，该系统变得成熟起来时，恰逢中国开始宣传其东风DF-21D“航母杀手”弹道导弹（该导弹在写作时还没有射击过移动的军舰目标）。这似乎对美国海军而言是一个幸运的巧合，因为其对抗新兴的中国导弹的能力已经存在了，只需要在未来的研发中做出进一步的改进即可。

注释

[1] 于20世纪50年代进行首次开发，飞毛腿系列战术导弹已经被广泛出口，并已经在公众心中成为所有导弹的代名词。根据美国导弹防御局统计，在2010年，约6000枚弹道导弹——绝大多数的射程在300～1000千米之间——存储在美国、北约、俄罗斯和中国的武器库中。

[2] 导弹不能用它的尾翼在大气层外飞行，因为导弹的移动需要依靠飞行时导弹上部的空气。

[3] 截至2012年6月，美国导弹防御系统宣称，在“宙斯盾”弹道导弹防御计划的27次飞行测试中，它成功地拦截了22次，还不包括

摧毁的US193卫星。这个成功率超过了80%。

[4] 除了SM-3导弹的实验以外，他们又进行了一个关于作为低空拦截器的SM-2 Block IV型导弹的实验。像SM-2 Block IV的弹头爆炸碎片，在大气层外的环境中是无效的，因为它们需要空气来产生冲击波。最初，美国海军期望一个双层次的系统：SM-2 Block IVA拦截导弹和弹头负责大气层内的打击，而SM-3导弹则负责拦截大气层外的目标。SM-2 Block IV型导弹带有一个半主动的带有红外（IR）设备的导引头，因为半主动导引头无法区分目标、诱饵或是导弹弹头的碎片。而后因为费用超支（有些人责备弹道导弹防御组织的政策），SM-2 Block IV型导弹项目被取消。随后，海军研发了SM-6导弹，它是SM-2的扩展版，拥有一个主动导引头。SM-6通常需要远距拦截巡航导弹，但在那个位置，战舰不能标出它们的位置以进行半主动拦截。不过，该导弹还取代了SM-2 Block IVA作低空拦截的任务。一般而言，SM-3导弹无法拦截低空目标，因为它的拦截器不能在大气层内正常运行；而SM-2导弹

不能在大气层外摧毁目标，因为它不能在那里自我操控（完全依靠空气动力面行动）。SM-3导弹依赖一种被动的红外导引头，因为红外线能够提供必要的命中精度；考虑到SM-3导弹在最后的拦截阶段中动能拦截器性能的极限，雷达波束也显然能满足这个要求。

[5] “特龙普”号是荷兰的“德·泽文·普洛文思”级护卫舰中的一艘。它没有安装SPY-1雷达或者“宙斯盾”系统。然而，“特龙普”级护卫舰上的泰勒斯SMART-L长距离探测雷达在2006年与美国海军演习之前经过了修改，这使得它拥有了跟踪弹道导弹目标的能力。2011年9月，荷兰宣布它将给4艘战舰装配扩展的长距离雷达。目前荷兰没有任何计划用以整合SM-3导弹以及雷达，因为导弹目标将被交由其他的海上或者陆基拦截器处理。然而据悉，德国正在考虑改造群段F-124“萨克森”级护卫舰的可能性。在报道中，其他国家的海军也很有可能会在现有的防空系统基础上发展弹道导弹防御系统。

← 尽管海军的弹道导弹防御体系是基于宙斯盾系统而建造的，其他军舰也足以获取弹道导弹防御的能力。荷兰的4艘“德·泽文·普洛文思”级（De Zeven Provincien）护卫舰可以通过他们升级的SMART-L监控雷达来追踪——而不是拦截——弹道导弹。图为拍摄于2012年3月14日的“特普龙”号护卫舰。（美国海军）